les Bottin aux sports d'hiver

Illustrations d'Estelle Giordani.

Jean-Marc Aubry

les Bottin aux sports d'hiver

Éditions Guérin
Chamonix

À Alain pour sa famille Bottin.

AVANT

Vingt et une heures, et toujours à l'arrêt. Je me demandais même si… mais non, ce n'est pas possible, on ne peut pas reculer. Et pourtant. Comme un doute. Enfin, cela faisait tout de même quatre heures maintenant que nous avions dépassé Albertville.

Quatre heures pour douze km, en *Espace*. Daniel était tout content parce qu'on parlait de nous à la radio. Moi, je trouvais que c'était plutôt un mauvais signe.

À la radio nationale !

« Bouchons monstres entre Albertville et Moutiers, sur la N 90. Du jamais vu. Record pulvérisant ceux des années précédentes, pourtant catastrophiques etc, etc. »

Pas de chance, nous aurions pu venir les années précédentes. Et nous étions dedans.

À l'arrière de l'*Espace*, pourtant, ça se passait plutôt bien. Amélie, la petite dernière, avait fort heureusement un rhume avec un peu de fièvre et dormait donc beaucoup entre deux séances de hurlements. Daniel, six ans, écoutait la radio, la bouche et les yeux grands ouverts, écarquillés, guettant avec extase le prochain « point info trafic » sur la Tarentaise et, de par le fait, sur notre famille. Quand à Frédérique, la grande, elle tapotait des SMS depuis la Porte d'Orléans, les écouteurs du baladeur incrustés dans le pavillon auditif.

Ah oui, j'oubliais : à fond, le baladeur, en mastiquant des chewing-gums « Atomic coke », à fond également, depuis la Porte d'Orléans, envahissant la voiture de cette malicieuse odeur de produits pour WC qu'ont assez fréquemment les chewing-gums.

Les réjouissances avaient débuté quelques mois auparavant, vers la fin de l'été et le retour cafardeux de vacances courtes et exceptionnellement bonnes (peut-être justement parce que courtes), à la montagne. D'un commun accord, la famille avait voté pour des vacances de février à la neige. Cela avait commencé insidieusement par cette suggestion de Catherine, ma femme :

— Et pourquoi ne partirions-nous pas skier cet hiver ?

— Mais parce que tu ne sais pas skier, maman, avait répondu du tac au tac, mais sans aucune espèce de tact, notre douce Frédérique.

— Ni cet hiver ni celui d'avant d'ailleurs, enfonça-t-elle.

Elle devait faire allusion au week-end de ski organisé l'an dernier par le comité d'entreprise de *Pur'Odor*, où travaille Catherine. Elle était rentrée en ambulance, les deux tibias pétés tout nets. Cela lui était arrivé durant les sept premières minutes du week-end *Pur'Odor.* Bref.

Du coup, sauf pour Catherine, vexée, qui boudait de son côté, l'atmosphère « retour de vacances à la montagne » s'en était trouvée tout allégée, détendue, presque joyeuse, et petit à petit, nous avions commencé à élaborer ce qui allait devenir le plus fantastique fiasco de la famille Bottin.

Daniel trouvait que c'était une bonne idée de

commencer le ski à son âge, comme ça, quand il aurait des enfants, ils ne lui reprocheraient pas de ne pas savoir skier.

— Mais tes enfants ne seront pas forcément méchants avec leurs parents, eux ! lui répondit Catherine.

Pour la gouverne de Frédérique, je fis remarquer que dire à sa mère qu'elle ne savait pas skier n'avait rien de méchant, que c'était juste une observation objective de la réalité. Ou alors il ne fallait pas rentrer en ambulance.

— Cause toujours mon Raymond, conclut-elle.

Raymond, ce n'est pas mon nom. Lorsqu'elle m'appelle Raymond, c'est qu'elle est très énervée. Ou bien qu'elle veut très m'énerver. Et ça réussit à tous les coups, allez savoir pourquoi. Remarquez, ce n'est pas le « Raymond » en lui-même, c'est même plutôt un joli prénom, Raymond. Non, l'énervant, voyez-vous, c'est surtout que ce n'est pas le mien. Ce serait Claude ou Jean-Daniel, que ça m'énerverait tout autant. Enfin, peut-être pas autant que Raymond tout de même.

Dès le milieu du mois de septembre, je courais

chaque midi, aux heures de pause, faire la tournée des agences de voyages, engranger une demi-tonne de catalogues de régions, stations, clubs… Tout cela au lieu d'aller me régaler avec les collègues, chez *Rémy,* d'un œuf mayo et d'une salade berrichonne.

C'est bien, dans les catalogues, le ciel est toujours bleu. C'est bon signe. Si cela n'était pas vrai, ils n'aligneraient tout de même pas des ciels bleus à longueur de brochures. Ils n'oseraient pas.

Le soir du septième jour, je suis rentré euphorique de mon bureau. Déjà, dans le métro, cette envie d'éclater de rire, et de descendre du wagon en virages serrés, skis parallèles, l'attaché-case au vent. J'avais trouvé, dans une petite agence proche de la Madeleine, exactement ce dont nous rêvions tous depuis l'été. Au moins les quatre « grands », parce qu'Amélie, du haut de ses deux ans, avait tendance à s'en taper royal.

— La semaine tout compris multi-activités ! annonçais-je, jovial, à peine ouverte la porte.

— Ah ouais, fit Frédérique, un jour raclette, un jour fondue, et un soir danse des canards. Classe !

— Mais non, corrigea ma femme, « multi-activités », ça veut dire « multi-sports ».

Frédérique, du coup, malgré le baladeur, au mot « sport », sursauta :

— Quoi ?

Avec Catherine, nous nous regardâmes, pensant que, vu la réaction de notre fille, nous avions dû dire un gros mot, une insanité. Mais non. Nous avions juste dit « sport ».

— Eh oh, ça va bien dans vos têtes ? On avait parlé de « semaine de vacances », pas d'entraînement intensif, développa-t-elle.

Il fallut alors expliquer à Frédérique qu'il pouvait y avoir un juste milieu, raisonnable, entre une semaine d'entraînement intensif et une semaine canapé-SMS.

Lentement, avec pédagogie.

Mais Frédérique avait, depuis longtemps, cessé d'écouter ses parents pour se rabattre sur l'écran de son portable, affichant le sourire béat et un peu niais, propre à toute adolescente venant de recevoir un SMS du grand blond bouclé (et néanmoins boutonneux), élève de 3e S, rencontré la semaine précédente lors de la soirée chez Solène Collard.

Et qu'elle lui avait soufflé.

Donc, à l'unanimité (des parents), ce fut semaine pluri-activités, qui sonne tout de même moins peuple que multi-activités. Donc, pluri-activités, tout compris sauf le voyage. Et sauf tout ce qui n'est pas compris. Enfin, c'est ce que nous avions compris.

Avec notre « forfait séjour pluri-activités » à *Cime 2000*, nous avions à notre disposition un joli deux-pièces, avec vue et accès direct aux pistes, parking pour la voiture, local ski avec code d'accès, le tout situé au centre de la station, tous commerces sous arcades, où l'on peut aller chercher les croissants le matin en chaussons alors qu'il neige à gros flocons. Si l'on aime les croissants.

Le tout en Savoie, à *Cime 2000*. Ça ne s'invente pas. Location du matériel au rez-de-chaussée, on part en vacances les mains dans les poches (sauf pour celle ou celui qui conduit), en bonnet et moon-boots (sauf pour celle ou celui qui conduit).

— Ah non ! fit Catherine.

Parce que Catherine, la location des skis en station, elle n'a pas confiance. C'est son prof du *Gymnase Club* qui lui a conseillé. Éric, il s'appelle.

Toutes les idées les plus tordues, les moins pratiques et les moins économiques venaient d'Éric. Éric, il avait dû être mis sur le marché rien que pour m'emmerder.

« Éric m'a dit… », parole en béton, en or. Comme en plus elle ne pouvait cacher, lorsqu'elle parlait de lui, cette étincelle furtive dans le regard, comme un éclat, un scintillement, j'avais du mal à raisonner très objectivement au sujet d'Éric. Surtout depuis qu'elle l'avait vu torse nu (« Whaou ! » elle avait fait), me narrant le soir, au lit, ses abdos en tablette de chocolat. Comme je lui faisais remarquer que :

— Ben, moi aussi j'ai les abdos en tablette de chocolat…

Elle m'avait dit, se retournant dos contre moi en bâillant :

— Oui, oui, sauf que toi, le chocolat, il est tout fondu.

Et coupant court à toute réplique, elle avait éteint la lumière en me souhaitant une « bonne nuit, mon gros nounours ». Et ça, le gars Éric, je ne lui avais jamais pardonné de m'avoir fait passer d'un coup du statut « d'amour tout en muscles » à celui de « gros nounours aux abdos en chocolat fondu ».

Donc, merci Éric, la location du matériel se ferait à Paris, ce serait bien mieux. Même si, dixit Frédérique, les skis, qu'ils soient loués au *Vieux Campeur* ou au rez-de-chaussée de *Cime 2000,* auront toujours une spatule à l'avant et un talon à l'arrière. Là, Catherine a sursauté :

— Ça a un talon, les skis ?

Il aurait suffi d'un rien à ce moment-là pour que l'affaire soit dans le sac, emballée. Un frémissement, une fissure dans la muraille Éricienne de Catherine. Il n'y avait plus qu'à pousser un petit peu, caresser dans le sens du poil et hop, location à *Cime 2000*. Ouf !

Mais non. Il aura fallu, durant ce rien, ce centième de seconde, que Frédérique ricane. Oh, pas bien fort, non, pas bien longtemps, non plus, mais ce fut largement suffisant. Et c'était fichu.

Le début des hostilités.

— On peut savoir pourquoi tu ricanes ?

— Ma pauvre mère, tu ne sais même pas où se trouve l'avant de l'arrière sur une paire de planches et tu attaches de l'importance au lieu de location !

Catherine, elle, n'a pas entendu la phrase dans son ensemble. Mais le « ma pauvre mère », ajouté au petit sourire suffisant, ça nous l'a raidie d'un coup. On aurait dit qu'elle avait fait une ruade. Je crois bien que c'est cela qui s'est passé dans son cerveau. Une ruade.

La suite alla très vite. Le baladeur partit comme un frisbee à l'autre bout de la pièce, suivi, à l'horizontale, par les écouteurs. De la place (privilégiée), qui était la mienne, je n'ai pas bien vu si les oreilles étaient restées accrochées ou non.

Ça, c'était pour l'aller. Avec la main droite. Le retour se passa avec la main gauche : une baffe magistrale qui remit à Frédérique la tête de l'autre côté. Sans le son, on aurait pu croire qu'elle regardait une finale à Roland-Garros.

Mais, hélas, il y avait le son.

Frédérique partit en hurlant dans sa chambre, Catherine en pleurant dans la salle de bain, Daniel se mit de la partie en voyant sa mère pleurer et Amélie à hurler parce qu'elle avait faim.

Moi, je ne bougeais pas. Pas d'un poil.

Il fallut attendre deux bonnes heures (le record étant de deux heures treize) pour qu'elles se réconcilient, en pleurant toujours, pour que

Daniel cesse de crier à sa sœur qu'elle était méchante, et pour qu'Amélie obtienne son Blédisoup carottes-épinards.

Il me fallut un peu plus de temps pour rassembler la totalité des morceaux de plastique de feu le baladeur, éparpillés dans les trois quarts de la salle à manger.

Catherine avait donc gagné, par KO au deuxième round. Nous louerions les skis à Paris.

Une des raisons pour lesquelles je ne remercierai jamais assez l'Éric en tablette fut l'achat du coffre à skis. En louant les quatre paires de skis à Paris, fatalement, il nous fallait un coffre à skis. Lorsque j'en parlai à Catherine, elle fit, écarlate et minaudante :

— Ah bon, ça ne tient pas dans l'*Espace* ? d'une petite voix que je ne lui connaissais que trop bien, lorsqu'elle était au courant d'un événement depuis des lustres, qu'elle l'avait jugé, analysé, répertorié et classifié, et qu'elle voulait me faire croire que je lui apprenais, toute surprise qu'elle était.

— Si si, ça pourrait tenir dans l'*Espace*, mais faudrait mettre en break et abaisser le siège avant. Ce qui fait que je serais obligé de partir seul au ski.

— Tu me diras… ajoutai-je, perfide.

— Hi hi, roucoula alors Catherine, bon ben, allons-y pour un coffre à skis.

Ben voyons.

Un « roof-container », ils appelaient ça, au magasin *Carrefour* des Ulis. Un putain de roof-container. J'avais décidé de l'acheter le plus tôt possible, puisque nous n'y couperions pas, afin de passer avant tout le monde. De ne pas risquer la rupture de stock. Je me disais que les roof-containers, avant les vacances de février, ce devait un peu être comme le charbon de bois début mai ou les guirlandes en décembre.

Je chargeai donc la gigantesque et inabordable caisse à l'arrière de la voiture et retournai chez moi sans avoir pu fermer le coffre. Je me faisais l'effet d'un corbillard transportant la dépouille d'un basketteur américain. J'arrivai sans encombre, tout étonné que le tendeur n'ait pas cassé, ce qui aurait eu pour effet d'ouvrir le coffre et de libérer du coup le roof-container et son cadavre de joueur de basket, le tout à 130 à l'heure sur la bretelle de l'A86.

C'était déjà ça.

Je me suis mis au travail le samedi suivant, à peine englouti le petit-déjeuner. « Au travail » n'est pas une vaine expression pour monter un roof-container sur un *Espace*. Du moins, ne pensais-je pas que cela allait m'occuper, pour être poli, la totalité de mon week-end.

De prime abord, la chose me parut plutôt aisée. Monter les deux barres de galerie perpendiculaires à celles du toit, puis fixer le coffre sur celles-ci. Aisément donc.

Avant, avec le matériel de fabrication chinoise, la traduction de la notice de montage était en anglais. Ne comprenant strictement rien à la dite notice, on pouvait donc en déduire qu'on était nul en anglais. Et l'on suivait alors scrupuleusement le croquis.

Avant aussi, quelquefois, c'était en rien du tout, mais il y avait toujours le croquis. Numéroté. Dessin A, monter B sur B', dessin B, encastrer B' dans D que vous aviez bien pris soin de fixer à R, lequel, etc. Fastoche donc.

Mais là, c'était en français. Pas de croquis, que du français. Enfin presque. Jugez plutôt : en 1, il fallait : « fisser le bar uppon les si A et B » !

En 2, il était donné comme directives de: « bien miser les visser, une par un, des parmi une clef hexagonale ». Et ainsi de suite.

Si vous aviez tout bien fissé, misé les visser et uponné les crous, vous arriviez au bas de la page, au numéro 9, qui vous annonçait joyeusement: « et voile, vous avez fin, vos roof-container c'est fin ! »

Rien de bien compliqué en fait.

Mais pas le moindre petit croquis. Dommage. J'eusse plus vite fait d'apprendre le chinois !

Toujours est-il qu'au bout de deux-trois heures, la seule chose bien avancée était mon état d'énervement. J'aurais assez apprécié à ce moment-là que Catherine vienne me rendre visite. Elle m'aurait fait, j'en étais sûr, avec son plus délicieux sourire:

— T'as fait quoi depuis tout à l'heure ?

Au moins, j'aurais su pourquoi j'étais énervé.

Ou Éric. Son prof du *Gymnase Club*. Je lui trouverais d'un coup une tête de traducteur chinois et VLAN ! La clef de 18 dans les plaquettes de chocolat.

Le samedi vers dix-sept heures, après avoir envoyé balader notice de montage, pattes A, B,

B' et Y, silicone et clef hexagonale, j'avais dégainé ma perceuse, une dizaine de colliers de serrage et deux-trois bières. En une demi-heure, le coffre était fixé. Ma femme, perspicace, n'avait fait aucune apparition.

Éric non plus.

Nerveusement éprouvé, mais satisfait du travail accompli, je reprenais l'*Espace* direction le *Carrefour* des Ulis, pour chercher mes pneus neige, commandés il y a quelque temps déjà.

J'arrivai bien un peu vite, dans le parking, légèrement chaud de ma journée et des trois bières, pour passer sous le portique d'entrée, celui sous lequel nous passons à chaque fois que nous faisons nos courses ici, sans porter la moindre petite attention au panneau rappelant la hauteur dudit portique : 1, 90 m. C'est-à-dire à peine plus haut que l'*Espace*.

Mais sans le roof-container !

Ça a d'abord fait comme un gros coup de frein, puis un choc et enfin un bruit énorme. Dans le doute, mon airbag s'est déclenché. Lorsqu'il s'est dégonflé, mon premier réflexe a été de jeter un coup d'œil dans le rétroviseur. Et ça le valait, le coup d'œil.

Mon roof-container était décalotté comme une vieille noix de coco, le couvercle encastré dans la *Passat* de l'imbécile qui me suivait de trop près, le dessous pulvérisé comme le baladeur de ma fille l'autre jour.

Là, sur le coup, je n'ai regretté qu'une seule chose : qu'Éric ne soit pas là. À la place par exemple du grand black de la sécurité qui est arrivé, tout hilare, en me disant qu'ils s'excusaient, que la prochaine fois qu'ils sauraient que je viens, ils enlèveraient les barres du portique.

Ou à la place des dizaines de badauds accourus de partout, juste pour ricaner dans mon dos durant la formalité du constat amiable. Tous ces gens devant qui je n'avais qu'une chose à faire pour ne pas perdre la face : afficher un grand sourire de connivence.

Cool et détendu !

Donc, comme j'étais sur place, en plus des pneus neige, j'achetai un nouveau roof-container. Le type du rayon qui devait me remplir le bon de sortie était le même que pour le premier coffre. Intrigué, il ne put s'empêcher de me demander ce que j'en faisais, soupçonnant un trafic international.

J'envoyai joliment promener le pauvre garçon, mais tant pis pour lui, il n'avait qu'à apprendre à se taire, ou du moins à reconnaître les clients qui ont passé les dix dernières heures de leur samedi de congé à (dans l'ordre) : apprendre le chinois technique, monter un coffre à skis sans notice, boire des bières, s'engueuler avec leur femme, bousiller le coffre en question sous un portique de parking et remplir le constat amiable en souriant.

De retour à la maison, j'étais sur la défensive totale. En zone rouge. Rouge vif. J'étais Fort Alamo à moi tout seul. Je n'attendais, ne souhaitais qu'une chose : que n'importe qui dans la maison, même Amélie, même le chat, me fasse le tout début du quart du prémice de la moindre petite réflexion, ou question, au sujet du coffre à skis. Je ne parle même pas de ricanement.

Mais non. Rien.

Je devais avoir l'air si passablement chiffonné et sur les dents qu'on me ficha une paix royale.

Au sujet du coffre.

Parce que sinon, Catherine avait fait des achats. Peut-être pour cela aussi, la paix royale.

— J'ai fait quelques courses, minauda- t-elle, presque inaudible.

— Et alors, combien ? rétorquai-je, goujat.

— Cinq.

— « ? »

Irrité, je lui avais méchamment demandé le prix de ses emplettes avant de savoir de quelles emplettes il s'agissait. Désarçonnante, elle me répondait « cinq ». Mais cinq quoi ?

Si c'était cinq euros, quel que soit l'achat, il était abordable. Et ne justifiait pas le ton presque inaudible. Alors ? Cinq milliards d'euros ? Cinq Airbus A320 ? Cinq ans d'abonnement au *Gymnase Club* avec Éric ?

— Cinq combinaisons de ski.

— Ah, ouf ma chérie. C'est vrai, je n'y pensais même plus avec ces histoires de coffre. Tu as bien fait. Fais voir la mienne. Elle est comment ?

— La tienne ? Euh non, non. Les cinq, elles sont toutes pour moi.

Ben oui, suis-je bête. Cinq jours de ski, cinq combinaisons. Où avais-je la tête ?

Je lui fis remarquer qu'elle se foutait un peu du monde, et qu'on allait remplir tout l'arrière de l'*Espace* avec les vingt-cinq combinaisons.

— Vingt-cinq ?

— Ben oui. Nous sommes cinq. Cinq fois cinq jours de ski, ça fait donc vingt-cinq combinaisons !

— Ah ben non. Je… pour vous, je me disais que…

— Oui, tu te disais que pour nous, une pour la semaine suffirait bien.

— Ben oui, fit-elle, débordante d'honnêteté.

C'est le moment précis où Frédérique ôta ses écouteurs de baladeur. Mauvais ça. Catherine, comme moi, ne connaissions que trop bien ce genre de signes. Alors, sur la défensive. Immédiatement. Tous les deux.

— On pourrait peut-être même n'avoir qu'une seule combinaison pour nous tous ? Enfin… À part toi maman.

Je coupai court à la montée en pression de ma femme :

— Et encore heureux que tu ne veuilles pas faire la même chose avec les skis et les chaussures, parce que ce n'est pas un coffre qu'il nous faudrait, mais deux. Du coup, le type à *Carrefour*, il me ferait une crise d'apoplexie si je venais lui acheter un troisième coffre. D'un même élan,

Daniel, Frédérique et Catherine se tournèrent vers moi :

— Un troisième coffre ?

— Raconte-nous donc un peu ça, mon Jacquou, fit Catherine, hypocrite.

Pour la location des skis, nous n'avions pas trop le choix. Seul un grand magasin spécialisé, au quartier Latin, offrait ce genre de service.

Comme la plupart des banlieusards, nous venions rarement à la capitale. Sauf Frédérique, pour le ciné avec les copines. Les enfants étaient scolarisés à proximité de notre domicile, Catherine travaillait à la Défense, et moi en déplacement permanent. Et comme tout banlieusard, nous affirmions sans rire avoir fait le bon choix en venant habiter en grande banlieue ; profitant aussi bien de la nature toute proche — le parc Georges Brassens : sept arbres, trois bancs, un bac à sable — que de la proximité de Paris — où nous n'allions jamais.

Amélie n'avait pas de skis à louer. Tant mieux. Daniel se fit régler skis et chaussures en un temps record. Ce qui lui donna tout son temps pour traverser la rue et entrer au hasard dans l'un des nombreux hôtels alignés côte à côte, avec une paire de *Rossignol S25 Team* toute neuve sur l'épaule et de faire, ainsi équipé, le tour du hall d'accueil empli de bibelots tous plus en porcelaine les uns que les autres puis, très inspiré cet après-midi-là, une fois revenu au magasin de location, de pousser suffisamment fort la première des trois cents paires de ski alignées contre le mur du fond pour s'offrir une cascade « domino » du plus bel effet. Il ne se priva d'ailleurs pas de manifester son extrême contentement en sautant sur place à pieds joints.

Comme le chef de rayon, mais pour de toutes autres raisons.

Frédérique quant à elle, ne voyait vraiment pas l'intérêt d'enlever son baladeur durant la séance d'essayage. Comme j'insistais tout en tentant de garder ce qu'il me restait de calme, elle me fit remarquer que ce n'était pas aux oreilles qu'on allait lui essayer les chaussures.

Le jeune vendeur, qui devait trouver Frédérique à son goût, elle et son ventre à l'air, prit fait et cause pour ma fille, comme quoi on n'avait pas besoin d'entendre pour essayer des chaussures de ski, ce qui, vous imaginez, finit de me calmer.

Ils avaient l'air de bien rigoler tous les deux, tandis qu'il lui massait les mollets. Comment ils faisaient pour correspondre ? Mystère.

— Jacques je t'en supplie, laisse faire, on a été jeunes nous aussi, tenta Catherine.

— Ben non. Je n'ai jamais été jeune comme ça. J'ai dû sauter cette étape-là.

— Quelle étape ?

— Celle des baladeurs et des ventres à l'air.

— Et tu crois que t'as l'air plus malin, sur la photo qui est dans la cuisine chez tes parents, avec ta mini vague et ton pat' d'eph' rose fuchsia ? Tu avais bien sensiblement son âge non ?

— Oui mais je ne suçais pas suggestivement une chuppa-choup en me faisant peloter les mollets lorsque j'allais louer des chaussures.

— Parce que tu ne louais pas de chaussures mon chéri.

Fin de dialogue donc.

Bref. Il fallut tout de même que Catherine, tout sourire, intervienne afin que le vendeur daigne enfin s'occuper de nous. Elle préférait que ce ne soit pas moi qui m'en charge. Parce que Frédérique commençait à roucouler sauvagement et cela faisait vingt bonnes minutes que son « Brad Pitt de la fixation » n'en était qu'à la première chaussure.

Et il restait moi.

Il restait surtout ma femme.

Ma femme, au bout d'un moment, il a fallu lui expliquer. Lui expliquer qu'elle était dans un magasin de location de chaussures de skis, pas chez *Pavel*, à Neuilly, lorsqu'elle se faisait « un petit plaisir » comme elle disait, avec sa prime de fin d'année. Le petit plaisir raflait une bonne moitié de la prime en question, soit un demi-SMIC.

Pour des chaussures !

Remarquez, je suis mauvaise langue, pour ce prix-là, elle avait la paire.

Mais là, nous n'étions pas chez *Pavel*. Logiquement, comme lui a gentiment fait remarquer le vendeur (trop gentil, il devait supputer la future belle-mère), on ne choisit pas chaussures et skis. Sauf lorsqu'on achète.

Catherine, ça l'a fait sursauter :

— Lorsqu'on achète ?

Le vendeur, il m'a regardé, il a bien vu à mon expression et à mon index qui faisait vigoureusement « non, non », qu'il fallait qu'il rectifie très vite le tir.

— Oui mais là, comme vous n'achetez pas…

Catherine s'est retournée vers moi, interrogatrice. Moi, je me suis mis à m'intéresser follement au nombre de néons du plafond. Je les ai même comptés. Quarante-sept, il y en avait. C'est drôle, je me souviens du nombre exact.

Catherine me regardait toujours. Elle avait son sourire désarmant, celui qu'elle affiche en vacances, sur le marché, alors que nous sommes déjà passés trois fois devant la vendeuse tout en amabilités, et qu'elle m'annonce, péremptoire :

— Vraiment Jacques, ce pull-là, il est trop, trop beau. Sous entendu qu'il est hors de question de ne pas l'acheter, et que donc, autant que cela se passe bien.

Là, elle avait le même sourire.

Le sourire « carte bleue ».

Et puis, qu'est ce que vous voulez, elle était craquante ma Catherine, debout sur la table, dans sa jupe de tailleur gris souris, avec ses énormes coques de cosmonaute rouge vif aux pieds. Ou bien je hurlais de rire, ou bien je capitulais.

Nous sommes donc repartis prendre notre métro avec nos trois enfants, tous au même niveau d'excitation, mais pas pour les mêmes raisons, et nos quatre paires de chaussures, de skis, de bâtons.

Trois louées, une achetée.

LE LAGOPÈDE

Samedi

À six heures, je bondis comme un fou.

— Oh ! On n'a pas dû entendre le réveil, soupira Catherine en s'étirant.

Elle n'a jamais voulu admettre l'avoir mis sur « off ». La prochaine fois, je relève ses empreintes.

Du coup, au lieu d'un départ de très bonne heure, nous partions comme chaque matin, lorsque nous allions au boulot. Et là, déjà, ça faisait nettement moins vacances. Les deux petits, que nous devions, à l'origine, recoucher à l'arrière de la voiture afin qu'ils finissent leur nuit tandis que nous roulerions vers le sud, au calme, commençaient à s'éveiller. D'autant plus que nous les avions couchés particulièrement tôt, en prévision du départ aux aurores !

— Il est prêt maman, le petit-déjeuner ?

— Ah non ! Je sursautai. Non seulement, il n'est pas prêt, mais il ne le sera jamais. Nous devions démarrer à quatre heures, il est près de sept, le prochain petit-déjeuner sera pour demain matin.

— Eh oh, fit Catherine, les enfants n'y sont pour rien si tu n'as pas entendu le réveil.

— Si je… mais…

— Allez, allez. Papa est un peu énervé, c'est normal le jour du départ. Tout le monde dans la cuisine, mais on se dépêche.

Je ne sais pas ce qui m'agaçait le plus. De voir l'heure tourner, ou de les entendre rire tous les quatre dans la cuisine. Je les entendais de l'entrée, où j'étais parti bouder.

À huit heures seize, sur les nerfs, départ. Il faisait donc grand jour, les deux petits étaient cent pour cent éveillés et demandaient déjà si on était bientôt arrivés, tout le monde avait pris un copieux petit-déjeuner, sauf moi.

À l'aire de Lisses, trente kilomètres de Paris : la vengeance. J'allai me garer et sortis de la voiture.

— Mais Jacques, tu fais quoi ?

— Je vais boire le café que vous avez dû oublier de m'apporter ce matin.

— Oh mais tu fais l'enfant, Jacques. Tu disais que tu ne voulais pas prendre de petit-déjeuner et maintenant tu nous reproches de l'avoir pris sans toi. Faut te suivre des fois tu sais !

Là, ne surtout pas répondre. Trop forte pour moi à ce jeu-là. Deux-trois répliques supplémentaires et elle sortirait vainqueur par KO me laissant pantois et hagard, ne sachant absolument plus de quoi nous parlions, où nous en étions, ni ce que j'avais à répondre.

Déjà là, limite. Le plus sage : le silence.

Juste un petit « je ne vous propose rien de chaud n'est ce pas ? », pour le plaisir.

Dans la station, je pris le temps d'aller largement aux toilettes, presque l'envie d'y emmener des mots croisés. Dommage, j'ai horreur de rester longtemps aux toilettes. Et des mots croisés.

J'allai m'acheter un paquet de gâteaux que je pris un soin maladif à choisir, un café, et je m'installai (in)confortablement à un tabouret de bar, en lisant l'*Équipe*.

Mal m'en prit. Lorsque je ressortis, la circulation, de toute fluide à mon entrée, était devenue visqueuse, poisseuse. Nous étions, selon le *bison futé* de service, passés de vert tendre, printemps, à un orange fin d'automne, presque rouge. Il était sûr qu'au moindre petit ralentissement, et je ne parle même pas de réel bouchon, j'en prendrais pour mon grade, devenant le seul et unique fautif et perdrais du coup l'avantage du petit-déjeuner rigolade pendant que je boudais.

En tout cas, quand je suis rentré dans la voiture, en sifflotant, ce n'était plus moi qui boudais.

Je crois que j'avais bien fait d'emmener les clefs de contact.

À onze heures, nous passions tout juste la sortie « Auxerre nord », correspondant approximativement à une moyenne horaire de cinquante kilomètres ce qui, on en conviendra, fait réfléchir quant à l'intérêt de l'autoroute. Et des quarante-deux euros de péage. Enfin le péage nous en étions loin, et (vu le monde), d'ici que nous y arrivions, il aurait probablement augmenté. Vu le monde et les pipis.

Douze minutes après le départ de l'aire de Lisses, Amélie hurlait depuis onze minutes.

Nerveusement parlant, la pause s'imposait, comme ils disent sur les panneaux de l'A6. Nous nous sommes donc arrêtés, en urgence, sur le bas-côté, sur la BAU J'aime bien dire la BAU J'aime bien parce que Catherine, elle n'aime pas. Ça l'énerve.

— Ça y est les enfants, revoilà notre Raymond avec sa BAU, dit-elle tentant de se mettre les enfants dans la poche. Mais Frédérique s'était réincrusté le baladeur depuis un bon moment déjà, coupée des bruits et du monde extérieur. Quant à Daniel, il n'a lui toujours pas compris pourquoi sa mère appelait son père Raymond alors qu'il s'appelle Jacques.

Ou papa.

Donc pipi sur la bande d'arrêt d'urgence. En soi, pas trop de problèmes, ce n'est pas avec la vitesse du flot que l'on risque le déplacement d'air. Par contre, ce qui me souciait le plus, c'était de le réintégrer, le flot. Et là, je sentais bien que nous allions avoir une démonstration, un festival, un concours. De blaireaux.

Pour rire, avec Catherine, on avait parié sur le nombre de blaireaux qui refuseraient de nous laisser passer, avant le Saint salvateur. Catherine avait dit quatre cents. Moi deux cent cinquante. Nous avions tous les deux faux. Ce jour-là, le blaireau était particulièrement présent sur l'autoroute A6, et le Saint ne se situait qu'en cinq cent quarantième position. Enfin le Saint… on le soupçonne d'avoir calé juste à notre hauteur. Un Saint malgré lui en quelque sorte. Un blaireau devenu Saint. Toujours est-il que cela permit de mettre les points sur les « i », de prévenir tout le monde. Dorénavant pour les pipis, nous attendrions obligatoirement une aire de repos. Non pas qu'en soi ce soit plus confortable que sur la BAU (j'adore !), mais au moins pour sortir d'une aire de repos, il y a une voie d'accélération. Et là, blaireau contre blaireau, j'en choisis un mal équipé, genre quatrième âge en *Fiat Panda,* et je m'incruste, aveugle et sourd aux coups de klaxon, aux appels de phares. À onze heures trente, vu la cohue, j'eus une idée géniale.

— Notez l'heure les enfants. Ce jour, à onze heures trente, votre père a eu une idée géniale ! grinça Catherine.

Je décidai, fier de ma trouvaille, de ne pas répondre.

— Alors, cette idée ? se renseignait Frédérique étonnement débaladeurisée.

— Et bien voilà. La majorité des voitures vont s'arrêter manger vers douze heures trente, treize heures. Ça va donc être l'enfer. Et nous, malins, on va s'arrêter maintenant. À onze heures trente, on aura le self pour nous.

Première aire. Le panneau indiquait un restaurant et un self. Nous allions en plus avoir l'embarras du choix.

Mais dès la sortie : arrêt total. Puis, à la queue leu leu, au pas. Des centaines de véhicules. Des milliers peut-être.

— On a bien fait de prendre de l'essence avant de partir. T'as vu la queue ? lança Catherine.

— C'est pour cela que dès la sortie, il devrait y avoir deux files : une pour le carburant, une autre pour les restaurants.

— Vous savez, vous n'y êtes pas du tout, vint nous prévenir Frédérique qui était partie à pied voir de quoi il retournait, à l'essence, y'a personne, c'est la queue pour les restos.

Je n'osais m'aventurer à proférer le moindre commentaire, la moindre justification. Éviter le plus petit regard. Mais cela vint quand même. Cela vient toujours. C'est juste une question de temps.

— Bravo Raymond (là, ça commençait plutôt mal). Douze heures quinze, fin de l'idée géniale. Maintenant, si tu veux bien, on va tenter de se sortir de là. Et pour la prochaine idée géniale, on en prendra une à moi.

Les abrutis ! Ils s'étaient tous dit la même chose. Tous la même idée géniale en même temps. Et tous à se faire ridiculiser par leur femme en ce moment même. Ceux qui allaient manger à quatorze heures allaient être tout seuls. Mais bon. Je n'avais plus trop envie de proposer. C'est Catherine qui le fit.

— Et si on quittait l'autoroute ? Première sortie, on se trouve un petit resto sans prétention, on déjeune et on reprend l'autoroute.

Cela m'agaçait un peu, mais je me disais qu'au jeu des idées géniales, on avait bien fait de changer. De laisser leur chance aux autres.

Dès que j'en eus la possibilité, je doublai donc les cent cinquante voitures attendant leur place de parking pour faire cinquante minutes de queue, un plateau humide à bout de bras.

Nous pûmes sortir au bout de quelques km, au cœur du Morvan. Immédiatement : personne ! Même sur les plus petites des routes secondaires, nous allions plus vite que sur l'autoroute. Un peu avant Quarré les Tombes, sur la droite, le *Relais du Morvan* nous tendait les bras. Cela avait l'air de correspondre à ce que nous attendions. À savoir un petit restaurant sans prétention, au calme, pour pouvoir manger d'une part, mais surtout se détendre des dernières heures. Tout a débuté lorsque la patronne, gentille comme tout au demeurant, nous demanda si nous désirions l'apéritif. Catherine fit « Oh non » et moi « Oh oui », soupirant en chœur, elle d'horreur, moi d'aise.

— Enfin Jacques, tu conduis tout de même !

C'était un bon début, elle ne m'avait pas appelé Raymond. J'avais peut-être une chance de décrocher mon Ricard.

La patronne de son côté, en bonne commerçante, faisait des « Oh, juste un ! » ou alors « Il va manger le monsieur, ça ne peut pas lui faire de mal ».

Catherine lui répondit que « si, justement, ça pouvait lui faire du mal. À lui, à sa famille, et à ceux qui viendraient en face ».

— Oh Catherine, intervins-je, tu sais bien qu'un apéro et un ou deux verres de vin en mangeant ne sont pas dangereux quand même !

— Et les gendarmes, Raymond, ça t'inspire quoi ?

Ça y était. La discussion avait changé de ton. Montée d'un palier. La patronne, qui avait entendu Catherine m'appeler Jacques tout à l'heure et Raymond maintenant, regardait ma femme bizarrement.

— Nous aurions dû emmener un alcootest, ça t'aurait tranquillisée. Mais moi, je parie tout ce que tu veux qu'avec un Ricard et deux verres de vin, je suis négatif.

— C'est toi qui vois Jacques, c'est toi qui vois.

— Si tu veux on parie quoi ? lançai-je, sûr de moi.

— Ton permis, mon chéri, ton permis ! Subrepticement et passant outre les derniers rebondissements de notre discussion, la patronne avait amené mon apéro.

— Et Madame ne prendra rien ? fit l'aubergiste, moqueuse.

— Madame prendra le volant, quand Monsieur ne sera plus en état, coupa Catherine, qui avait réponse à tout.

— Oh vous savez, les gendarmes à cette heure-là, ils mangent, finit la patronne en regagnant ses cuisines.

Nous déjeunâmes très très bien. Très riche aussi. Ouh là là, le taux de mauvais cholestérol qu'ils doivent s'aligner dans le Morvan s'ils mangent toujours comme ça ! Le pâté en croûte tiède, aux cèpes poêlés, aurait pu suffire. Mais il y eut les filets de brochets fumés à l'estragon, avant un canard au citron et groseilles nappé de sauce à la crème, entouré de petites pommes de terre caramélisées. Heureusement, une frisée aux lardons fit couler un peu de vert (même s'il y avait plus de lardons que de salade) avant d'attaquer le plateau de fromage local.

Presque plus faim pour la tarte aux noix.

Du coup, avec tout ça, les deux verres de vin étaient devenus quatre. Du coup également, Catherine en avait bu deux, trois ? Tout euphorique, amoureuse, elle m'appelait « mon Jacquou ». Je ne savais pas trop comment le prendre.

Frédérique n'avait touché qu'à son dessert, des

fois qu'elle ne rentre pas dans sa combinaison de ski. Elle affichait un rictus mauvais en tapant SMS sur SMS. À mon avis, c'était pour rompre avec le grand blond bouclé et boutonneux qu'elle avait soufflé à Solène Collard. Ou bien c'était à Solène Collard qui venait de lui repiquer le grand blond boutonneux. Toujours est-il que notre Frédérique était bien occupée. Les deux petits avaient eu un « menu enfant » qui, hormis les lardons dans la frisée, ne différait des nôtres que par l'absence de vin dans les verres. Et enfant ou pas, j'avais un peu de mal à comprendre comment on pouvait avaler un filet de canard aux citrons et groseilles en buvant un Coca light à la paille alors que notre petit Coteau du Maconnais se buvait si bien.

Si facilement.

Tellement facilement que nous repartîmes sur le coup de quatorze heures trente, guillerets, un brin rougeauds et rigolards, le verbe un peu haut, pour se dire que tout allait bien, et que les embouteillages ne nous faisaient même pas peur. Ni les embouteillages, ni les gendarmes. Mais ça, nous n'aurions pas dû le dire, parce qu'ils ont dû l'entendre.

Au premier rond-point. On les a vus d'assez loin, mais trop près quand même pour faire demi-tour ou alors tête à queue au frein à main, mais je ne le sentais pas bien, là.

Six qu'ils étaient. Il fallait bien ça. Deux voitures et un fourgon. Le grand jeu, un véhicule sur deux, arrêté pour la totale : papiers, pneus et bien sûr alcootest.

Le silence dans la voiture ! De mort.

Seule Amélie rigolait parce qu'elle croyait que c'était des pompiers et qu'elle nous hurlait des « pin pon pin » qui nous mettaient le peu de nerfs qui nous restaient en pelote. Parce que nous, nous avions bien vu que ce n'était pas des pompiers. Nous étions peu de voitures sur cet axe, ça avançait vite. Trop vite. Tous les autres étaient sur l'A6. Serrés, au pas à la cafétéria ou sur l'asphalte, mais sans gendarmes.

Une voiture sur deux. « Pouf pouf. Ce sera toi que j'ar-rê-te-rai », chantait Daniel, hilare, à tue-tête.

Bingo !

— Madame, Monsieur, Gendarmerie Nationale, contrôle des papiers du véhicule et de l'alcoolémie des conducteurs.

C'est marrant dans ces moments-là. La phrase, je me l'étais déjà dite pile poil, la même dans ma tête. Avec le même ton, la même voix. J'aurais pu être gendarme.

Il regarda les pneus, les papiers, tout bon. À ce moment-là, on se prend à espérer qu'il va oublier le ballon, qu'on va entendre dans leur radio qu'il faut qu'ils rentrent d'urgence, une attaque de diligence, la guerre avec les Russes, une comète sur l'Élysée, des trucs graves. Qu'ils s'excuseraient de ne pouvoir nous faire souffler dans le bazar. Et nous : « Mais non, ce n'est pas grave, ne vous tracassez pas, ce sera pour une autre fois », qu'on lui répondrait.

Mais la radio restait désespérément muette. Calme plat du côté des comètes et des Russes. Rien, aucune aide extérieure.

Au moment où le gendarme me passa l'alcootest, Catherine, blême, me souffla juste : « bravo Raymond ! »

Assis, livide, dans le fourgon de la gendarmerie, j'essayais de me détendre afin de répondre au mieux aux questions du brigadier-chef à moustaches. Un vrai. Comme avant.

— Votre nom ?

— Bottin

— Comme un bottin ?

Là, il commençait un peu à m'énerver. Ce n'était pourtant pas le moment.

— Prénom ?

Je faillis répondre Raymond. Le type qui, dès la deuxième question, se trompe, surtout s'il s'agit de son prénom, doit immédiatement sauter de catégorie. De fêtard imbibé, passer à suspect. Et de suspect à terroriste, serial killer, il n'y a qu'un pas.

— Jacques.

— Vous avez, Monsieur, un taux d'alcool dans le sang incompatible avec la conduite d'un véhicule automobile.

Tu m'étonnes !

— Bien. Nous allons sortir du fourgon afin de procéder à quelques tests d'équilibre. La cerise sur le gâteau. En plus d'une amende que je pressentais faramineuse et de la perte d'une multitude de points de permis, j'allais de suite passer pour un con. Je m'imaginais un quart de seconde, sur une jambe, le coude sur l'autre levée à angle droit et le pouce sur le nez, allant m'étaler lamentablement dans le fossé.

C'était presque ça.

— Tendez les bras, fermez les yeux…

Et hop, deux fois de suite dans les bras de mon brigadier à moustaches. Je n'osais imaginer les retrouvailles avec Catherine. Sur le rond-point, ils n'arrêtaient plus personne. Ils devaient m'attendre : « Tiens voilà Jacques Bottin, enfin on le tient », des trucs comme ça.

Pendant ce temps, je continuais mes exercices de gymnaste. Sur une jambe, les bras écartés, ça commençait à aller mieux. Je tenais. Il suffisait surtout que je ne regarde pas Catherine.

Avant de me raccompagner à ma voiture, un jeune coq ronchon me remit, très fier de lui, mes papiers ainsi qu'une liasse de PV dont il détailla le contenu par le menu avec délectation. Comme prévu, un nombre incalculable de points sur mon permis, ou plutôt hors de mon permis, une amende plus chère que le prix de la location pour la semaine à *Cime 2000* et, enfin, deux mois dc retrait de permis de conduire. J'allais lui demander à quel moment le retrait entrait en vigueur, si j'allais avoir le droit d'aller et de revenir de vacances, lorsqu'il se pencha vers Catherine :

— Vous conduisez Madame ?

— Ben, je… voui, un peu, pourquoi ?

— Parce que dans ce cas, il va vous falloir vous aussi vous soumettre au test d'alcoolémie.

Sans avoir le moindre goût pour une quelconque vengeance (tu parles), j'avoue ne pas avoir été mécontent de voir Catherine perdre un peu de sa morgue et passer par les mêmes couleurs, les mêmes bégaiements que moi tout à l'heure.

Sauf qu'elle, était négative.

Et là, même si je n'avais pas entendu le verdict du jeune ronchon, visiblement déçu, je l'aurais su de suite, au petit sourire en coin de ma femme. Ses lèvres ne bougeaient pas mais je l'entendais me dire, tout près :

— Tu vois Raymond, pas d'apéro et deux verres !

— Mais, mon mari, il ne va pas pouvoir conduire ?

Je jurai en moi-même « tu ne vas pas la fermer ? »

— Conduire ? s'esclaffa le gendarme. Ah ça non ! Et pour un bon bout de temps encore. Qu'il s'estime heureux qu'on ne l'emmène pas dessoûler en cellule…

« Dessoûler ». Là, j'ai trouvé que le jeune coq en faisait un tout petit peu trop.

— Donc, c'est moi qui conduis ? insista Catherine.

— Je crains, Madame, qu'il n'y ait que vous dans cette voiture qui ayez présentement les aptitudes pour, répondit le gendarme.

Catherine ne put s'empêcher de faire « bien, bien ». Cela a dû lui échapper.

Avant de repartir, il m'a fallu ingurgiter dix minutes de leçon de morale, beaucoup plus indigestes que le repas de ce midi. Qu'ils me paraissaient loin le pâté en croûte et le filet de canard. C'était il y a bien longtemps, jadis.

Juste après l'apéro !

Nous repartîmes au bout d'une bonne heure, Daniel faisant des « coucous » au moustachu, Frédérique des sourires enjôleurs au jeune coq, que je me disais qu'elle aurait pu s'y mettre un peu avant, et Amélie criant des « pin pon pin » à tue-tête, toute contente que son papa soit copain comme cochon avec tant de pompiers.

Catherine, elle, se contenta de me rappeler

qu'elle venait de gagner son pari.

Nous rejoignîmes l'autoroute, maintenant complètement bouchée, lessivés, vidés, dessoûlés. Catherine au volant, moi cramponné à mon siège passager. La première parole qu'elle m'adressa fut :

— Décontracte-toi, Jacques, parce qu'il va bien falloir que tu t'y fasses !

Cela m'a, vous pouvez vous en douter, énormément remonté le moral.

Bref, notre première journée de vacances s'égrena tranquillement, « en accordéon », comme ils disent sur *Autoroute FM*, ponctuée par plein de petits pipis de tout le monde, avec à chaque fois plein de petits blaireaux qui nous empêchaient de nous réinsérer, des arrêts café, carburant, sans oublier le dîner aux alentours de Chambéry. Nous devions être un petit millier à faire la queue au self.

Je me risquai à demander à ma femme s'il ne lui venait pas une autre idée géniale, un peu comme ce midi. Elle m'a juste fait :

— Eh oh, c'est bon hein !

Au bout d'un quart d'heure de queue, c'est

Frédérique qui l'a eue son idée géniale.

— Et si on allait plutôt s'acheter des sandwichs ?

Je me disais qu'avec le bol que nous avions aujourd'hui, il y aurait également une queue de mille personnes aux sandwichs. Mais non, soulagés, personne. Et pour cause, il ne restait strictement plus aucun sandwich.

— Demain midi, nous dit chaleureusement l'employée de la station.

Nous, cela ne nous arrangeait pas trop d'avoir les sandwichs demain midi pour les manger ce soir. Alors nous sommes retournés faire la queue au self, derrière les mille personnes.

Retour donc à la case départ : vingt et une heures, à l'arrêt, douze kilomètres après Albertville.

Nous avions téléphoné à l'agence en fin d'après midi, l'agence qui nous louait l'appartement :

— Ah bon, vous ne serez pas là à dix-sept heures ? demanda l'employée, très compréhensive. C'est embêtant, parce que je quitte à dix-sept heures. Ça roule mal ?

— Non, ça roule pas, répondit sèchement Catherine. Nous sommes à trois cents kilomètres de chez vous, il est seize heures quarante-cinq, faites le calcul !

— Oh vous savez, moi, en calcul…

Bon. Calme.

— Alors, vous nous proposez quoi, comme solution ?

— Eh bien, d'arriver demain. Nos bureaux ouvrent à huit heures.

On ne se voyait pas bien, à dix heures du soir, se mettre en quête d'un hypothétique hôtel, hors de prix probablement, avec les deux petits qui commençaient à péter les plombs.

Et je ne parle que des deux petits.

— Et sinon ? continua Catherine

— Sinon quoi ? fit la forte en calcul qui visiblement avait d'autres carences.

— Que nous proposez-vous comme autre solution ? lui demanda calmement Catherine qui avait travaillé dans sa jeunesse avec de jeunes handicapés mentaux.

Il fallut donc un certain moment pour arriver à trouver la solution. La clef serait dans la boîte aux lettres de l'appartement, laissée ouverte, dans le hall de notre immeuble.

— Ah, c'est dans un immeuble… fit

Catherine, visiblement déçue.

Silence au bout de la ligne. Incompréhension, pour une fois justifiée. La fille au standard ne devait pas avoir l'habitude de recevoir des clients ayant payé huit cents euros pour une semaine de location sans rien savoir de la location. Catherine, de son côté, devait s'être imaginé que nous allions passer notre semaine dans un magnifique chalet six chambres, immense salon avec baie vitrée donnant sur le balcon et les Alpes, cheminée centrale et jacuzzi au sous-sol. Pour nous tout seuls. Il nous restait à trouver l'immeuble. Il fallait déjà y arriver.

Mais nous y arrivâmes. La journée avait été riche, dense. Nous avions tous un peu l'impression de revenir du front. Mais tout cela était fini et bien fini. Nous commencions nos vacances à partir de tout de suite. Catherine un peu moins que nous tout de même. Parce que, après quelques kilomètres de route en lacets, lorsque nous débouchâmes au cœur de la station, elle s'exclama :

— On dirait la Défense !

Et la Défense, c'est là où elle travaille, Catherine. Moi, je ne connais pas bien, la

Défense, mais de nuit, comme ça au premier abord, j'aurais plutôt dit Sarcelles. Ce doit être parce qu'il fait nuit. Demain, cela ira mieux, probablement. Mais oui. Et puis la fatigue...

Il nous fallait maintenant mettre la main sur l'immeuble « Lagopède ». Catherine trouvait que cela faisait marque de mobylette. Moi, ce qui me préoccupait surtout, à l'instant présent, c'était de le trouver, « Lagopède », même si je n'avais aucune idée de ce que cela pouvait être, et de m'y arrêter, et de m'y coucher.

— C'est un peu comme une perdrix des neiges, une relique de l'âge glaciaire dont le plumage change avec la saison, nous lança Frédérique, mine de rien.

Elle nous étonnera toujours celle-ci.

— T'as appris ça où ? Par SMS ? demandai-je. Là, je me rendis compte dans le même temps que je faisais une terrible faute pédagogique. Au lieu de la féliciter (« mais tu en connais des choses, ma fille ! »), je lui cassais son élan.

La fatigue.

La fatigue aussi, probablement, qui fit dire à Catherine que, aujourd'hui tout du moins, j'étais peut-être pas le mieux placé pour la ramener.

Amélie, cramponnée à son lapin fluo, dormait.

« LAGOPÈDE ! » hurla Catherine en désignant une entrée d'immeuble. C'était le plus haut.

Le nez froncé, elle marmonna que c'était vraiment très haut. Daniel lui répondit que c'était normal, pour une perdrix des neiges !

À propos de neige, il ne devait pas y en avoir plus de vingt centimètres.

— Mais nous sommes en bas des pistes, mon Jacques. Toujours défaitiste toi. Tu verras, ça ira mieux en haut.

Moi, je me disais que tout de même, le bas des pistes, c'était là où on arrivait lorsque l'on partait du haut des pistes. Et qu'il fallait donc qu'il y ait de la neige également en bas des pistes. Mais ça devait être la fatigue, on verrait plus clair demain.

Du coup, nous n'eûmes pas de mal à nous garer. Catherine fit même une réflexion comme quoi nous aurions pu économiser quatre pneus neige. Je lui rétorquai que nous aurions surtout pu économiser deux coffres de toit.

— Parlons-en des coffres de toit. Ce n'est tout de même pas moi qui n'ai pas su lire les panneaux à l'entrée du parking !

Là, je la trouvais un peu gonflée. Et ce n'était pas fini.

— Encore un jour ou tu n'avais pas dû boire que de la limonade !

Pour nous détendre de l'intermède, je proposai, pour rire, de tout laisser pour la nuit dans la voiture, y compris Amélie, de ne s'en occuper que demain matin. Mais une fois de plus, je fis un flop.

— Mais Jacques, tu crois vraiment que c'est l'heure de dire des âneries ? Tu ferais mieux de décharger le coffre à skis.

— De quoi ? Non mais ça va pas ? Ca va faire dix-sept heures que nous sommes sur la route, dont dix de bouchon et une de fourgonnette de gendarmerie et tu voudrais que l'on décharge la voiture maintenant, alors que l'on va se servir des skis dès demain matin ?

— Oui mais les chaussures vont être gelées, me fit judicieusement remarquer Frédérique.

— Et Amélie aussi, renchérit Daniel.

— Tu parles que ça va geler, fis-je au summum de ma mauvaise foi. Nous sommes à deux mille mètres d'altitude et il pleut !

Les autres levèrent le nez. Et de fait, il pleuvait.

— Raison de plus pour tout monter ce soir.

Ça, c'était Catherine. La force de la persuasion. Arriver à vous faire croire qu'elle a raison, alors que l'argument avancé ne tient aucunement la route.

— Tout monter ce soir parce qu'il pleut ? Tu sais, elle est étanche la voiture.

Tout en disant cela, je déchargeai le coffre des quatre paires de skis, des chaussures, des bâtons, des luges. Frédérique, efficace, réceptionnait. Catherine était allée chercher la clef.

Elle revint, l'air horrifié :

— Elle n'y est pas !

Devant ma mine, elle dut croire que j'allais faire un infarctus.

— Mais j'plaisante mon Jacquou. Ah alors toi, l'humour ! Et elle partit devant.

— Tu prendras les enfants, dit-elle, je vais bloquer l'ascenseur.

C'est vrai qu'à deux heures du matin, il devait y avoir un sacré trafic d'ascenseur ! Indispensable de le bloquer.

Nous arrivâmes avec Frédérique, chargés comme des bourricots. Elle, avec les cinq paires de skis ; moi, avec un gosse dans chaque bras. Bien évidemment, Daniel, pile au moment de la journée ou nous aurions (enfin, où j'aurais) aimé qu'il marche, hop, endormi comme un bienheureux, profondément, et jusqu'à demain matin ! Bon, on n'allait pas le gronder non plus. D'habitude, cela faisait tout de même plus de cinq heures qu'il dormait à poings fermés. Mais il aurait attendu cinq petites minutes, cela m'aurait bien dépanné. Et qu'est ce qu'il était lourd le bougre ! Sur mon bras gauche, Amélie glissait lentement. J'arrivai précipitamment à l'ascenseur. Catherine nous attendait.

— Ah c'est bon, tu as réussi à en trouver un de libre ? me gaussai-je.

Amélie glissait de plus en plus, Daniel se faisait de plus en plus lourd.

— Surtout ne m'aide pas, Catherine.

— Oh là là, incapable de se débrouiller tout seul, celui-là. Et tu ferais comment si je n'étais pas là ?

— Je serais déjà couché si tu n'étais pas là !

Premier voyage. Nous avions convenu de tout monter, de stocker devant notre porte, puis de tout entrer d'un coup. Cela limiterait le bruit pour les voisins.

« Pourvu que les clefs soient les bonnes », me répétais-je sans cesse. Je me représentais la fille de l'agence, vexée de s'être fait réprimander par ma femme, nous donnant de mauvaises clefs pour se venger. Elle passerait sa soirée à rigoler avec les copines, nous imaginant en pleine nuit, dans le hall, avec nos bagages et nos gamins.

Catherine venait d'entrer pour coucher les enfants. Pendant ce temps, Frédérique et moi enchaînions les voyages pour vider le coffre du toit et l'ensemble de la voiture.

C'est lorsque Catherine est ressortie pour prendre des affaires que cela s'est produit. Frédérique avait soigneusement aligné les skis le long du mur du corridor. Catherine a accroché la fixation du ski le plus proche de la porte. Le reste a fait comme l'autre jour dans le magasin de location. Sauf que l'autre jour, il n'était pas deux heures du matin. Et que par terre, c'était de la moquette. Là, il était deux heures du matin sur du carrelage. On a vu les skis et les bâtons s'effondrer un à un, comme au ralenti, dans un vacarme d'enfer. Nous restions là tous les trois, bouche bée, incapables du moindre geste pour tenter de stopper l'hémorragie.

Et lorsque l'apocalypse s'est enfin tue, nous sommes tous partis d'un fou rire de collégien. Ce genre de fou rire qui ne vous prend que durant les enterrements.

Quand il ne faut pas, en fait.

Parce que le gros moustachu (encore un gendarme ?) qui est sorti de l'appartement d'en face en slip kangourou et maillot de corps, il sortait juste comme ça, pas méchant ni agressif. Par simple curiosité. Au début.

Mais de nous voir tous les trois secoués de rire nous l'a mis dans une rage folle. Et plus il criait, plus nous rigolions. Il faut dire que le look slip kangourou-maillot de corps y était peut-être pour quelque chose.

À force de crier, deux autres appartements se sont ouverts. Pour calmer le jeu, le monsieur d'à côté et le couple d'en face se sont mis à insulter le gros moustachu qui réveillait tout le monde avec ses vociférations. Impossible pour lui de tenter de leur expliquer le pourquoi du comment, le bruit initial, la cause. Ils ne voulaient absolument pas se taire pour l'écouter. De toute façon, il était tellement énervé qu'il n'aurait jamais pu dire quoi que ce soit.

Sauf, en hurlant :

— Et vous ne savez pas qu'il y a un local spécial pour les skis ?

— Ben non ! hurla Catherine sur le même ton. Bizarrement à deux heures du matin, il n'y avait personne pour nous renseigner.

— Mais qui c'est qui vous a demandé d'arriver à deux heures du matin ?

Là, il avait tapé juste. C'est vrai après tout. Personne ne nous avait demandé d'arriver si tard. Si tôt.

Et là, d'un coup, la révélation. LA question. Voilà ce qui clochait depuis une demi-heure. Ce qui me tracassait, par-dessus tout. Par-dessus les moustaches, les maillots de corps et les skis : comment se faisait-il qu'ils soient déjà tous arrivés, installés et endormis, alors que nous venions tous du même coin probablement ?

J'ai même eu l'espace d'un instant, fugace, l'impression d'avoir déjà vu notre nouveau copain d'en face quelque part. J'y étais. C'était un des cinq cent quarante blaireaux de ce matin.

Nous avons bien fini par arrêter : nous de pleurer de rire, eux de hurler. Nous nous sommes excusés, les derniers sortis se demandant bien pourquoi c'était nous qui nous excusions, et nous, lâchement, de nous empresser de ne donner aucune explication, de rentrer tout notre bazar et de nous enfermer dans notre deux-pièces-cuisine, au septième étage de « Lagopède ». Par contre, une fois la porte fermée à double tour, c'est Frédérique qui me la donna, elle, la réponse à ma question de tout à l'heure, à savoir comment et pourquoi ils étaient tous arrivés avant nous.

— Tu sais papa, peut-être qu'eux, ils étaient pas saouls en sortant du restaurant !

Nous nous étions couchés à trois heures du matin, épuisés, dans le noir et plus ou moins à tâtons pour ne pas réveiller les deux petits avec la lumière. « Gros moustachu » n'aurait peut-être pas apprécié que notre Amélie se mette à hurler jusqu'à l'aube.

Vite monter le lit pliant à la lumière d'une lampe torche, défaire le clic-clac et installer le drap comme nous avions pu, en urgence, « ranger » Daniel et Frédérique dans les deux lits superposés et basta, dodo !

En fait pas tellement. Typique des états de

grosse fatigue, tant nerveuse que physique, l'insomnie pointa le bout de son nez. Et comme la journée fut dense, l'insomnie le fut également.

Mais on se sent bien, allongés, au calme, détendus, en vacances enfin. En bruit de fond, pas d'avions, de voitures ni de RER. Juste la pluie qui crépite sur les doubles vitrages.

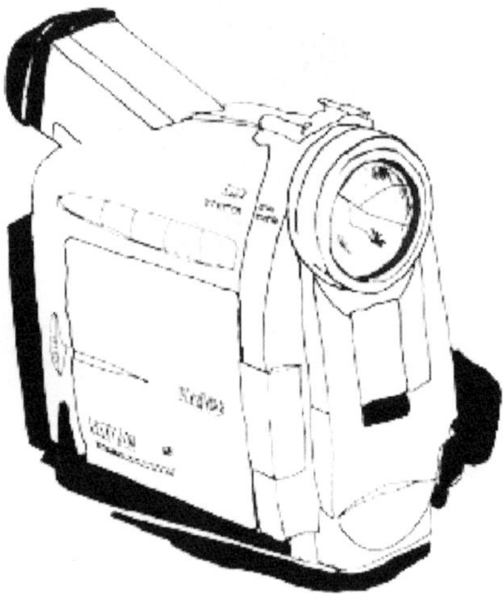

*D*IMANCHE

Nous pûmes dormir jusqu'à neuf heures et demi, tant l'immeuble était calme. J'en eus l'explication en mettant le nez à la fenêtre. Il tombait des cordes, à seaux, toutes droites, le parking en bas n'était plus qu'un stade de boue, et aucune des remontées mécaniques visibles de notre septième ne semblait fonctionner. D'où le calme.

Chez nous, ça bougeait tout doucement. Amélie pour son biberon ; Daniel, les yeux tout ronds, semblait atterrir en direct de Pluton ; Catherine tout en bâillant, enfilait ses chaussons à l'envers et Frédérique, le drap remonté au-dessus de la tête râlait à cause du bruit que nous faisions, de la lumière.

— Ben oui, on s'excuse, à neuf heures trente, il y a de la lumière. Cela s'appelle le jour.

— Oui mais le jour, il ne s'est pas couché à trois heures, lui.

— Mais si tu veux profiter de ta semaine de ski, il va quand même falloir te lever avant quinze heures.

— Ma semaine de ski ? T'as vu le temps, papa ? On va plutôt faire rafting.

Catherine lui fit remarquer que nous n'allions pas nous laisser saper le moral par la première petite pluie venue.

C'est, je crois, « petite pluie » qui fit glousser Frédérique. Et il y avait effectivement de quoi glousser. Je voulais rester résolument optimiste.

— Ça tombe bien, mentis-je, ça va nous permettre de faire l'inventaire.

— Oh ben ça, c'est chouette alors ! railla Frédérique.

Je ne sais pas en fait si cela tombait bien, mais le fait est qu'il nous fallait faire l'inventaire.

Cinq assiettes plates, cinq creuses, couverts, plats, casseroles, caquelon à fondue, service à raclette, tout était prévu pour que ça fasse vraiment sports d'hiver.

Il ne manquait plus que la neige.

Catherine, depuis qu'elle avait enfilé son premier chausson à l'envers, était mal lunée. Du coup, tout ce qu'elle sortait des placards pour cocher sur la liste de l'inventaire lui donnait matière à critiquer, à râler. Le mixer : « Ah bon, s'ils pensent que je vais m'emmerder à faire de la soupe en vacances… »

— Maman, on peut le dire « emmerder » ? intervint Daniel, candide.

Les fouets :

— Et de la chantilly ou des œufs en neige après une journée de ski ?

— De rafting maman, pas de ski, de rafting, corrigea Frédérique, elle aussi de mauvais poil.

Même à propos des coquetiers, pourtant bien inoffensifs, elle trouvait à redire :

— Non, mais franchement Jacques, tu ne trouves pas qu'ils exagèrent ? Des coquetiers ! C'est un peu se foutre de la gueule du monde ! Au lieu de nous mettre des trucs utiles !

— Et « gueule », là, on peut le dire, maman ?

— Oh, mais ça suffit toi aussi. Tu ne vas tout de même pas me reprendre à chaque phrase ?

Frédérique corrigea de nouveau :

— Pas à chaque phrase, maman, à chaque gros mot.

Moi, je n'avais rien dit. Tant qu'elle ne m'appelait pas Raymond, je restais neutre. Lâche et neutre.

En même temps, je n'arrivais pas à trouver ce qu'un coquetier pouvait bien avoir de franchement énervant. De franchement inutile.

Pour en finir avec les petits plaisirs de pré-vacances, il nous fallait également faire un bref état des lieux. Voir s'il n'y avait pas de gros problème, murs défoncés ou lits sans lattes. Mais non. S'il devait y avoir un problème, il n'aurait donc rien à voir avec l'état des lieux mais bien plutôt avec les lieux eux-mêmes.

Ou l'absence de lieux.

Je m'explique. Sur la brochure de l'agence, on pouvait lire : « Situé suffisamment en altitude (là, nous venions de comprendre que « en altitude » signifiait en fait « au septième étage ») pour profiter pleinement de la vue sur les Alpes et les remontées, ce grand (!!) deux pièces tout confort, pratique et lumineux, conviendra parfaitement à une famille de quatre à six personnes. De plus, son balcon panoramique ouvre agréablement la salle à manger vers l'extérieur et vous permet de profiter pleinement du soleil. » Mais vu l'extérieur, nous aurions préféré que ce soit moins ouvert. Ou alors de l'autre côté, sur les montagnes. Mais de l'autre côté, c'était le couloir. Pas de chance.

Bien évidemment, les locataires arrivant ici sous un grand soleil et une neige de rêve ne vont même pas relever la dernière phrase, ni celle d'avant, ni l'ensemble de la brochure, tout occupés qu'ils seront à skier.

Mais ceux qui arrivent comme nous, sous une pluie battante et la majorité des remontées fermées, forcément, ils la lisent, la dernière phrase. Et du coup, puisque j'ai le temps, je lis tout le reste également.

Par exemple, je lis : « grand deux pièces pour quatre à six personnes ». Et je m'interroge. Déjà parce qu'il n'y a que quatre couchages dans le grand deux pièces : un clic-clac deux places ainsi que deux lits simples superposés. Ou alors les deux lits superposés sont pour deux personnes. Cela pourrait faire le compte. Et puis « grand » deux pièces. Si seulement ils s'étaient arrêtés à « deux pièces », je n'aurais pas relevé. Mais là, à se marcher dessus depuis trois bonnes heures, c'était ce « grand » qui me chatouillait.

Que je vous raconte : lorsque l'on entre dans le « grand » deux pièces, la première chose que l'on voit, c'est un couloir avec une petite pièce au bout. Si on regarde vite fait et que l'on garde en tête le descriptif de la brochure, on a tendance à se dire que c'est chouette d'avoir fait un grand vestibule sur lequel vont s'ouvrir toutes les autres pièces. Mais lorsque l'on s'avance dans le couloir, on observe qu'aucune porte ne donne dans le grand vestibule, à part la porte vitrée qui ouvre l'accès au balcon panoramique.

On se rend vite compte que le grand vestibule n'est en fait que la salle à manger qui, du coup, si elle était grande pour un vestibule, devient passablement minuscule pour une salle à manger. Surtout lorsque le clic-clac est ouvert.

Et puis on cherche. À droite, à gauche et, oh surprise, bien cachée tout au fond, tellement cachée qu'on ne l'avait même pas vue : la porte donnant accès à la salle de bains. Les toilettes sont à l'intérieur de l'appartement. Ouf !

Alors on cherche de nouveau, et on trouve.

Oh, on ne trouve pas grand-chose, juste la deuxième pièce. Dans un deux-pièces, il y a deux pièces. Logique. La deuxième, c'était normal qu'on ne l'ait pas vue, on avait dû la prendre pour un tout petit débarras. Un petit renfoncement bien pratique pour ranger les chaussures, les balais, et encore, pas trop.

Mais non, c'est la chambre. Il y a même un interrupteur, de la lumière. Alors, on la découvre la chambre. À côté, un compartiment couchette SNCF deuxième classe paraît spacieux. Là, pour monter dans le lit du haut, forcément on s'arrache le dos. Ah oui, parce que l'ensemble de l'appartement est crépi. Du gros crépi, comme du silex. Les pyjamas, ils ont intérêt à être en kevlar, en zinc, pour éviter d'avoir à recoudre ses enfants chaque soir. Voilà pour la chambre. Voilà pour le « grand deux pièces pour quatre ou six ».

Il y a bien six assiettes et six verres dans l'inventaire. Il n'y a rien à dire, ils sont couverts. Sauf peut-être le côté lumineux mais d'accord, ce n'est pas de la faute à l'agence s'il pleut.

En fin de matinée, il nous fallut aller faire

quelques courses dans la station, acheter le minimum vital pour la semaine. Cela nous donnait l'occasion de visiter les lieux, l'extérieur, malgré la boue. Et puis passer à l'agence rendre l'inventaire, l'état des lieux.

Il y avait un peu plus d'animation maintenant. Les gens faisaient leurs courses au « Flocon », la supérette hors de prix la plus proche de « Lagopède ». Tous ceux que nous croisions portaient des paniers et des sacs plastiques « Flocon », bourrés à craquer. Cela faisait un peu « puisqu'on ne peut pas skier, on va s'empiffrer ! »

Les gens passaient en nous adressant des sourires contrits, comme si c'était de leur faute, la météo. Peut-être que oui après tout. Il y avait même une dame, tellement cela devait se voir sur notre visage, elle nous a déclaré spontanément :

— Ils ont annoncé la neige pour cet après-midi !

« On lui a rien demandé », bougonna Frédérique, toujours aimable. Tout juste si elle n'a pas rajouté « à la vieille !» Là, il a bien fallu qu'on se fâche.

Ceci étant, c'était vrai qu'on ne lui avait rien demandé à la vieille. Si ça se trouvait, ç'était de sa faute, la boue, les embouteillages et le crépi sur les murs. Peut-être même qu'elle avait un cousin gendarme dans le Morvan.

En entrant dans l'agence, je croisai les doigts pour que ce ne soit pas la même fille qu'hier au téléphone. C'est ce que lui demanda Catherine, bille en tête, à peine la porte vitrée poussée violemment, à la John Wayne :

— C'est vous que j'ai eue au téléphone hier ?

La fille lui a poliment répondu que chaque jour, à cette période, elle en avait par centaines des coups de téléphone. Sous-entendu que ma Catherine, elle n'était pas toute seule au monde avec ses petits problèmes.

— Mais en fin d'après-midi, non, ce n'était pas moi.

Ouf. Je soufflai pour elle. Pas de règlement de compte. Enfin pas tout de suite. Catherine allait bien trouver durant la semaine, entre deux pistes vertes, le moyen de la débusquer sa forte en calcul.

Déçue, insatisfaite et frustrée, je sentais que Catherine, il allait falloir qu'elle se défoule, qu'elle se mette quelque chose sous la dent.

— C'est normal que dans l'appartement, il y

ait plein de choses qui ne servent à rien ?

Ça y était, elle avait trouvé.

Je fis en douce une grimace significative à l'hôtesse, comme quoi le mieux, là tout de suite, était de laisser tomber. Ce n'était pas fini.

— Et des coquetiers ?

Ça y était, elle remettait ça.

— Vous pensez vraiment que les gens vont se faire des œufs à la coque durant une semaine aux sports d'hiver ?

La fille fit juste « ben… » et se ravisa. De toute façon, Catherine n'aurait pas écouté. Elle tournait déjà les talons en finissant :

— Il y a juste la taille des logements qui est correcte. Là-dessus, rien à dire. Un peu grand peut-être !

La fille, en professionnelle des emmerdeurs, affichait ce sourire radieux, un rien béat, qui signifiait « cause toujours ma cocotte, tu m'intéresses ! »

Pour moi, avec le même sourire, elle a écarquillé tout grand ses yeux, et là, ça signifiait « bonne chance mon coco ».

Dehors, il ne pleuvait plus et le brouillard s'était

levé. En soi, c'était une bonne chose. En regardant autour de nous, nous comprenions pourquoi ils mettaient souvent du brouillard par ici.

Nous avions effectivement l'impression de nous trouver sur le parvis de la Défense, mais une Défense tout en bois, avec de la boue à la place de la dalle. Les immeubles « tous d'une hauteur raisonnable », disait la brochure, comme quoi le raisonnable est une donnée bien subjective, étaient construits en escalier, ce qui était censé les fondre dans le paysage, la montagne et les sommets. Et là, c'était raté. Les seules choses qui rappelaient vraiment la montagne, c'était les noms des escaliers des immeubles : chamois, marmotte ou génépi. Catherine s'est un peu moqué de moi parce que le génépi, je pensais plutôt à un alcool.

— Ben oui gros bêta. Mais avant d'être un alcool, ça a été une plante.

— La marmotte, c'est pareil ? demanda Daniel.

Les immeubles étaient implantés de façon à ce qu'il y ait le plus de courants d'air possible entre eux. Le vent s'engouffrait là-dedans, prenait une vitesse folle, tourbillonnait entre les baies vitrées en faisant claquer les planches des avant-toits. Arrivé au centre de la station, il tournait un peu sur lui-même pour prendre son élan et fonçait tête baissée vers les arcades. Il les traversait d'une traite, bousculant sur son passage poubelles, présentoirs de cartes postales, bonnets multicolores et petites vieilles. Dans toute station qui se respecte, il y a des arcades. Ce n'est pas seulement une mode architecturale, c'est également un moyen de faire ses courses à l'abri dans une région, à une époque, où il neige fréquemment.

Là, indépendamment du fait qu'il ne neigeait pas (pas du tout), chacun se précipitait hors des arcades pour éviter à tout prix de se trouver sur le trajet du blizzard polaire.

Les arcades ne servaient donc, dans le cas présent, qu'à les éviter. Et à rien.

Nous, nous arrivions. Même si nous nous étions déjà fâchés avec la moitié de la station, nous arrivions. Nous étions les « bleus ». Alors lorsque nous avons réalisé la force du vent, hop, nous sommes allés nous réfugier sous les arcades. Tout seuls. Nous nous rendions bien compte que tout le monde faisait le contraire, mais le temps de réaliser, d'analyser finement la situation, Daniel était déjà tombé dans la boue et Amélie avait perdu son bonnet péruvien. C'est Frédérique qui l'aperçut, le mardi suivant, accroché à un balcon au huitième étage d'« Edelweiss ».

Puis d'un coup, le vent est tombé. Alors les habitués, les vétérans de *Cime 2000*, sans rien se dire, ont réintégré l'abri des arcades. Jusqu'à la prochaine fois. Au fil des jours, nous aussi allions apprendre à entendre le vent arriver.

— Ça fait le bruit du RER arrivant à Charles De Gaulle, s'étonna Frédérique, époustouflante de pertinence.

Alors nous, les banlieusards, il allait falloir changer nos habitudes. Lorsque nous entendrions arriver le RER, au lieu de nous approcher du quai, il nous faudrait nous enfuir de dessous les arcades. C'est dans le sens contraire, le lundi suivant à Charles de Gaulle, qu'il faudrait être attentif. Ne pas s'enfuir en courant, la tête dans la capuche dès qu'un train arrivera…

Au centre de la station, là où le blizzard reprenait son élan, se trouvait l'esplanade du

Mont-Blanc. Le type qui avait trouvé le nom des places et des allées à *Cime 2000* devait être le même que pour le nom des immeubles. Un pro. Nous entrâmes chez « Flocon le mini market ». C'était écrit. Maxi prix, ça, ce n'était pas écrit. Au premier abord, bizarrement, cela ne paraissait pas plus cher que chez nous, en grandes surfaces. Il me fallut revenir sur pas mal d'idées préconçues, de « on dit », de rumeurs.

— Il n'y a que les imbéciles qui ne changent pas d'avis, lança Catherine, péremptoire, en me regardant avec insistance.

Les tomates, oranges, yaourts, tout y était moins cher. Mais en fait non. Après passage à la caisse et début d'apoplexie à la vue du sous-total, nous comprîmes. Les prix affichés n'étaient pas au kilo ou au « pack », mais à l'unité.

Du coup, non, je ne changeai pas d'avis. Je restai un imbécile. Mais après une semaine ici, un imbécile ruiné !

Catherine me dit que c'était chouette, que nous allions faire des économies non négligeables en mangeant au restaurant deux fois par jour. Et puis moi, je me disais qu'elle avait raison ma petite femme, que cela ne servait vraiment à rien tous ces mixers et coquetiers dans la cuisine si on ne pouvait pas se payer d'œufs.

Nous achetâmes tout de même un peu de charcuterie locale. Catherine ne put s'empêcher de demander au gérant, un peu revêche à force de se faire remonter les bretelles à longueur de vacances scolaires à cause de ses marges prohibitives, si le prix indiqué sur le saucisson était celui de la tranche.

Quand au Beaufort, elle pensait sincèrement que c'était pour qu'il soit plus lourd à la pesée qu'ils n'avaient pas mis de trous.

En sortant du « Flocon », il neigeait serré. Cet après midi, nous allions sortir les luges.

Ce qu'il y a de bien avec la neige, c'est que ça recouvre tout, cachant la boue du parking et les immeubles « Gentiane » et « Bouquetin », les plus proches de notre balcon panoramique. Ça ne rend pas plus beau ce qui est vilain mais l'annule. On repart à zéro, on redevient espiègle et enjoué, batailleur et pinceur de filles, rigolard bâtisseur de bonshommes de neige. En plus, ça tombait bien, nous étions là pour ça.

En trois heures de temps, la couche était

déjà impressionnante et l'on ne reconnaissait plus les voitures. On ne voyait pas plus loin que ce matin mais la neige avait remplacé la pluie et notre univers s'arrêtait là, se contentait de ça.

Comme un jouet mécanique que l'on vient de remonter, d'un coup, tous ensemble, les engins de damage se sont mis à clignoter, cliqueter, tututer. Ils se croisaient dans tous les sens, à fond. Dieu merci les pistes n'étaient pas encore ouvertes, les tire-fesses, télésièges et télécabines s'ébrouaient, s'échauffaient. Nous, nous étions un peu à côté du bazar ambiant, hilares, sur la piste de luge. Au tout début, la neige était toute fraîche et non damée, collante. Nous ne risquions pas franchement l'accident. À deux ou trois sur l'engin, il fallait s'aider des pieds, des mains et de tout ce que nos corps avaient à leur disposition ainsi que d'un mouvement partant de la tête et finissant dans les deux fesses, genre chien en plâtre sur les plages arrières de voitures, pour arriver à gagner le bas de la pente, centimètre par centimètre. Le truc besogneux.

Moi, j'avais une vision toute autre de la luge, aux jeux olympiques à la télé, où les types atteignaient des vitesses phénoménales sur des luges semblables aux nôtres, sans ressembler pour autant aux chiens des plages arrières de voitures. Là, ce qui était phénoménal, c'était de ramer si fort pour si peu de résultat.

Ce qui était également très agréable, c'était les gros « pâtons » de neige fraîche, des flocons surdimensionnés, « bodybuildés », de la taille d'assiettes à dessert, venant se plaquer sans aucune gêne sur les yeux, le nez, la bouche ou dans le cou. En fait, il était préférable que nous n'avancions pas. Dans le cas contraire, nous n'aurions strictement rien vu.

Après trois descentes (on va plutôt parler d'itinéraire, parce que le terme « descente » sous-entend une certaine notion de vitesse), nous avions réussi à damer relativement correctement, comme une vraie piste, mais toute droite, jusqu'au parking. Pour les virages, nous verrions plus tard.

Du coup, l'engin commençait à prendre, peut être pas encore de la vitesse, mais du moins un début d'allure. Nous n'avions plus, et c'était déjà ça, la désagréable et ridicule impression de rester bêtement et inutilement sur place. Nous pouvions désormais prendre les deux luges. La verte avec Frédérique et Daniel, et moi sur la rouge, avec Amélie devant. Catherine attendait plus bas, jambes écartées, le caméscope sur « pause ».

Les deux enfants descendaient de plus en plus vite, freinaient de moins en moins. Daniel, la bouche en « O », assis entre les jambes de sa grande sœur, le visage violacé du froid des flocons tombant toujours aussi dru, en voulait plus. Alors la grande sœur lui en donnait plus. Maintes fois la luge s'est cabrée, partie en tête à queue, retournée, pour la plus grande joie des enfants et du caméscope qui n'en perdait pas une miette. Du moins je l'espérais. Parce que la dernière fois que Catherine s'en était servi, au mariage de sa petite sœur, elle avait tout filmé dans le vide. Elle avait tout simplement oublié de mettre la cassette dans le caméscope.

Mais cette fois, c'était bon. Elle avait tout vérifié : la batterie, la cassette. Trois fois.

Sur ma luge avec Amélie, c'était « Albertville 92 ». Nous avions réussi à creuser un sillon suffisamment profond, à le damer comme unc piste de bobsleigh et s'il n'y avait eu mes chaussures et mes genoux, pour freiner dès le départ, nous nous serions envolés.

Ce que fit Catherine.

Car au bout d'un moment, elle commença à râler comme quoi elle avait froid à rester statique comme cela, qu'elle aimerait bien que quelqu'un la remplace à la caméra pour qu'elle puisse aller s'amuser comme les autres avec ses petits camarades de colo. Je la remplaçai donc en bas de piste, au caméscope. Amélie, au grand dam de sa mère, ne voulut absolument pas rester entre ses jambes sur la luge et me suivit en bas. Heureusement. Les enfants, ça doit avoir un peu comme les chiens, un sixième sens.

Une fois tout en haut de la pente, Catherine, remontée à bloc, s'assit résolument sur l'engin, sous l'œil amusé des deux grands qui en avaient stoppé leur progression. Elle cala ses pieds, rentra les genoux et lâcha enfin les deux freins en hurlant :

— Yahou, et vive les vacances !

La luge prit aussitôt une allure stupéfiante. Cela se voyait entre autre à la pâleur de Catherine qui, la bouche grande ouverte, avalait flocon sur flocon, nous faisant craindre la noyade.

— Freine maman ! hurla Frédérique.

— Mais freine donc, criai-je à mon tour.

Rien. Nous eûmes plus tard l'explication. Plus fine que moi, je veux dire physiquement, Catherine, sur sa luge, ne touchait les parois du sillon ni des pieds, ni des genoux. Aucune espèce de ralentissement d'aucune sorte, donc.

Lorsqu'elle se décida enfin à juger la situation extrêmement critique, elle prit un frein dans chaque main et tira un grand coup.

On entendit deux petits « bump », comme le bruit d'un silencieux dans les films de gangsters. On vit aussi les deux restes de freins fichés, pitoyables, au beau milieu de la piste. Catherine, durant ce temps, avait enclenché la cinquième. Il ne lui restait plus qu'une seule chose à faire : sauter. Se déporter sur le côté et rouler, avant d'atteindre le mur du son, Mach1. Mais Catherine n'abandonne jamais. Lorsqu'elle a commencé quelque chose, elle va jusqu'au bout. Elle me le répète assez souvent.

Alors elle a continué. Moi, il y avait longtemps que j'avais arrêté le caméscope. Mais c'était plus lié à la difficulté de filmer à trop grande vitesse que par solidarité avec ma femme. L'inquiétude, viendrait après. Là, pas le temps.

Elle passa devant nous sans un regard, à fond, très concentrée, les mains crispées sur les résidus de freins, le regard fixe. On aurait dit une sportive.

Plus bas, le chasse-neige avait accumulé un mur qui, c'était sûr, allait nous l'arrêter tout net. Mais entre Catherine et le mur « d'arrêt », notre piste traversait celle de l'itinéraire « raquettes » où il n'y avait heureusement jamais personne.

Sauf là.

Deux petites dames venaient d'y déboucher, raquettes aux pieds, attirées probablement par la récente chute de neige.

— Poussez-vous ! hurlai-je.

Trop tard. Catherine leur passa sur l'avant des raquettes, sans les toucher. Mais sans doute à cause du vent, du déplacement d'air, toutes deux se retrouvèrent les fesses dans la poudreuse, ne sachant trop si elles devaient râler ou rigoler.

Ce fut la dernière prouesse de Catherine avant l'impact. Celui-ci fit un bruit sec comme du bois de cagette que l'on fracasse. Je ne savais trop à ce moment précis si ce bruit venait de la luge, des raquettes ou de ses os.

Ou des trois !

Comme Catherine mettait du temps à se mouvoir, tout le monde alla vérifier. Même les petites dames, pas rancunières. Et surtout terriblement curieuses.

Mais ouf. Le bruit sec, ce n'était que la luge.

La première chose balbutiée fut :

— La… la luge ?

— T'inquiète pas maman, fit Frédérique, il en reste une. Mais celle-là, tu n'y touches pas !

Moi, je me disais que j'aurais dû filmer. Mais d'un autre côté, je me voyais mal demander à Catherine de recommencer, et les petites dames avaient peut-être d'autres choses à faire.

Et puis de toute façon, Frédérique n'aurait jamais voulu nous prêter la deuxième luge.

Le dimanche soir, pour amuser les jeunes, il y avait karaoké au « Dahu ». En fait, karaoké, c'était tous les soirs mais là, nous étions dimanche.

Le « Dahu », c'est la boîte de nuit. Avant minuit, c'est beaucoup moins cher et ouvert aux mineurs, auxquels on ne sert pas d'alcool. Comme quoi le patron du « Dahu », il a tout compris au business.

Alors les adolescents pouvaient tous les soirs aller s'amuser au karaoké, avec ou sans les parents, mais il était clair qu'ils préféraient sans. Ils étaient encadrés pour cela par trois animateurs employés par la station, ceci permettant aux parents de sortir, par exemple, et de préférence au « Dahu » (vous me suivez ?) Et, sortie ou pas, de savoir leurs enfants en de bonnes mains. Ensuite, les majeurs pouvaient rester, passé minuit, au « Dahu » qui se transformait en night-club. En fait, il y avait juste la colonne des tarifs sur la carte des consommations qui changeait, les prix étaient multipliés par quatre. Un peu comme au « Flocon le mini market ».

Il y avait tous les soirs un monde fou là-dedans, et au prix du Perrier, même avant minuit, on comprenait pourquoi l'équipe, comme ils disaient, ne prenait pas la peine d'ouvrir en dehors des vacances scolaires.

Notre Frédérique, l'œil pétillant, maquillée et pailletée de partout, portant une tenue dans laquelle il ne vaudrait mieux pas que sa grand-mère l'imagine, partit donc rejoindre son lieu de rendez-vous, aux alentours de vingt et une heures.

En connaisseuse, sa mère lui lança un

« bonne chasse ! » de connivence. Car, c'était clair, elle y partait. Chez les oiseaux, ce sont les mâles qui s'habillent de toutes les couleurs, bardés d'attributs tous plus extravagants les uns que les autres, pour attirer les femelles.

Dans la famille Bottin, c'est la femelle.

Vu la dernière nuit pour nous tous, vingt-trois heures nous semblait l'heure maximale de couchage pour les trois grands. On s'était donc mis d'accord avec Frédérique. C'est vrai qu'il valait mieux qu'elle se repose avant les journées de ski, mais en même temps, c'était ses vacances et nous avions eu quinze ans nous aussi, même si, comme ne manquait jamais de me le rappeler sournoisement Catherine lorsque j'émettais ce type de lieu commun, « il y en a pour qui ça ne date pas d'hier ! »

Nous avions couché très tôt les deux petits, épuisés également, et dîné Catherine et moi de deux pizzas napolitaines surgelées. « Napolitaines », en italien, cela doit vouloir dire sèches. Il était effectivement indispensable de notifier sur l'emballage d'enlever le carton avant de mettre la pizza au four, au risque de confondre celui-ci avec la napolitaine. Seule différence : sur le carton, point de sauce tomate. Je commençais à rejoindre ma femme sur l'idée du restaurant chaque soir.

Enfin là, de toute façon, pizza en carton ou restaurant, Catherine avait la tête qui régulièrement plongeait de façon dangereuse vers ses anchois. Il faut dire qu'en plus de notre charmante journée de voyage et de la nuit au rabais, elle s'était offert son « grand huit » et le cumul de toutes ces petites agaceries me l'avait mise sens dessus dessous. Du coup, notre repas n'avait pas été d'une folle exubérance et nous aurions mangé chacun de notre côté qu'il n'y eût point eu de différence. Mais point de disputes non plus. Le film que nous avions prévu de regarder ce soir-là, afin de nous tenir éveillés jusqu'au fatidique vingt-trois heures s'appelait *Rush hours*. Avec Jackie Chan.

— C'est un Chinois ? demanda Catherine

— Ben oui. Tu connais bien Jackie Chan tout de même.

— Si tu es sûr que c'est un Chinois.

— Oui… enfin, un Chinois je ne sais pas. Peut-être un Vietnamien ou un Cambodgien, qu'est ce que ça peut bien te faire ?

— J'aime bien savoir. C'est pas du tout pareil.

Elle allait mieux. Je me suis mis à souhaiter très fort qu'elle repique du nez. Ce qu'elle fit dans les dix premières minutes du film, et moi aussi. Pourtant, dans *Télé Z*, il y avait écrit : « équipe de choc, film trépidant ». Cela devait se mettre à trépider après les dix premières minutes. Mais pour nous, il était trop tard.

Pour Frédérique également. Car lorsque je me réveillai au son de la pub, il était déjà vingt-trois heures quinze.

— Frédérique !

— Hein ? fit Catherine en retombant immédiatement dans le coma.

Je fonçai. L'ascenseur, le hall, le parking, les flocons, le « Dahu », Frédérique. Elle était là esseulée, enfin à peu près seule, enfin non. Pas seule du tout. Cela avait été ma frayeur. La réalité, c'était le contraire de ma frayeur. Je trouvai ma fille entre deux voitures couvertes de neige, écarlate, le maquillage en bataille, comme les cheveux. Et un peu du dit maquillage sur le col du petit brun arrogant qui caressait négligemment les cheveux de mon bébé à moi en me regardant de haut. Quatre autres garçons et filles du même âge fumaient un peu plus loin.

— Excuse-moi, je suis en retard, balbutiai-je.

J'entendis l'autre caresseur de cheveux lui souffler dans l'oreille :

— Alors c'est lui ton père ? avec un petit sourire qui m'a un peu agacé.

— Non, moi je suis Buffalo Bill. Tes parents savent que t'es dehors à cette heure-là ? lui demandai-je.

Ses copains et copines fumeurs, ça les a fait franchement rire. Du coup, lui, nettement moins. Et Frédérique, dans une rage folle, s'est mise à bouder si fort qu'elle m'a rappelé sa mère. Mais le débordement de la coupe, du vase, c'est quand je lui ai dit :

— On dirait que je suis arrivé à temps non ? À sa tête, j'ai vite compris que je n'avais rien compris. Que Frédérique n'aurait pas été gênée le moins du monde, pas inquiète pour deux sous de me voir arriver un peu plus tard, voire pas du tout. La bourde ! Au lieu de cela, non seulement je lui foutais en l'air sa cabane, mais en plus, je lui ridiculisais son futur boy friend devant elle et ses copains. Il allait falloir, si je voulais rattraper quoi que ce soit, me taper karaoké sur karaoké non seulement le soir, mais peut-être même aussi l'après-midi, le matin, et ce, jusqu'à la fin des temps, tout du moins de la semaine. Surtout que dorénavant, ce soit maman qui aille la chercher.

Lorsque nous sommes rentrés, Catherine a réussi à soulever une paupière et, avec un petit sourire entendu, a demandé à sa fille si c'était bien.

— Sans papa, ça aurait pu, a juste répondu Frédérique en allant s'enfermer dans son compartiment en crépi.

Enfin, s'enfermer... s'il y avait eu une porte.

LUNDI

Ça y était, la semaine pluri-activités débutait réellement. En fait, pour nous, elle avait déjà un peu commencé la veille. Comme activité, nous avions eu « luge » et Catherine, en plus, avait eu « impact ». Mais cela, elle préférait qu'on n'en parle pas, surtout au moniteur de ski.

Notre premier cours débutait à dix heures ce matin. Avant, il allait falloir nous préparer, déjeuner, nous habiller… comme chaque matin de l'année pour aller au boulot, puis accompagner Frédérique au club « Teenager » un peu comme chaque matin de l'année lorsque je l'emmène au lycée, et vite aller déposer les deux petits au jardin de la neige, comme chaque matin de l'année, chez leur nounou.

Enfin, Catherine et moi-même allions rejoindre notre cours, comme chaque matin de l'année, notre travail. À midi, une pause « cafèt » comme au bureau, puis, dès quatorze heures, reprise jusqu'à dix-sept, on déchausse, on récupère la grande au club, les deux petits chez la nounou des neiges, deux, trois courses et hop, on rentre dans notre grand deux pièces. Comme…

Des fois, on se demande.

Mais trêve de mauvaise foi, là, cela sentait vraiment les sports d'hiver. Déjà, il ne pleuvait plus et même, il avait continué de neiger durant une bonne partie de la nuit. Du coup, le parking ressemblait à un parking de station de sports d'hiver, avec sa kyrielle de petits monticules immaculés sous lesquels reposaient frileusement nos véhicules. La montagne ressemblait à une montagne de sports d'hiver, avec son côté « coton hydrophile » et le cliquetis monotone des perches et des sièges métalliques au passage des pylônes. Les vacanciers ressemblaient, eux aussi, à des vacanciers de sports d'hiver, avec leurs tenues de cosmonautes, leurs lunettes de soudeurs et leur démarche si gracieuse, si caractéristique et toute en finesse.

Seuls les immeubles continuaient à ressembler à la Courneuve et l'esplanade du Mont-Blanc au parvis de la Défense.

Il y avait chez nous une euphorie palpable et contagieuse. Déjà le petit-déjeuner en sous-vêtement tribo électriques contribua à l'ambiance bon enfant de ce lundi matin.

— Ouhaou mon Jacquou ! Tu sais qu't'es mignon comme ça ? me lança Catherine à ma sortie de salle de bain. Ou à mon entrée dans la salle à manger, ce qui revenait strictement au même, à sept centimètres près.

J'étais effectivement plutôt mignon. Le haut, rien à dire, avec le tee-shirt en laine à manches longues, genre bûcheron canadien du pauvre. Par contre, pour le bas… Le caleçon long et blanc grisâtre s'arrêtait à mi-cheville, godillant sur des chaussettes montantes et néanmoins vert fluo. Les genoux ainsi que les fesses du caleçon pendaient anormalement de dix bons centimètres en dessous de leur place attitrée. Et comme l'élastique de ceinture était passablement détendu, j'avais cru bon de rajouter une paire de bretelles multicolores, type Zavatta, qui me remontaient esthétiquement l'ensemble de mon appareil génital masculin aux alentours du nombril.

La classe donc.

L'ensemble fit pouffer Frédérique avec une telle énergie que la grande cuillerée de céréales qu'elle venait d'enfourner partit à l'horizontale, droit sur son frère, avec un crépitement de chevrotine. Ce devait être les raisins secs.

Pour se rattraper, elle fit remarquer à sa mère qu'il n'y avait pas que le physique qui comptait dans la vie. Catherine lui rétorqua : « heureusement pour ton père d'ailleurs », en éclatant de rire.

Il fallut ensuite enfiler les combinaisons de ski. Frédérique demanda à sa mère qui venait péniblement d'enfiler la sienne, si elle avait mis les cinq l'une sur l'autre.

— Ben… non.

— Ah bon, on aurait cru. Alors c'est que tu as sérieusement grossi. Tu n'as peut-être pas été suffisamment souvent au club de gym, maman.

Moi, je trouvais qu'elle y allait bien assez souvent, au club de gym.

— Ah bon, vous croyez ? Demanda-t-elle attristée, une moue dubitative clairement affichée, tout en passant ses deux paumes sur les hanches violettes et jaunes de son ensemble en Lycra.

Ça, c'était tout Catherine. Déboulonnable d'un mot, d'une vacherie, mais remontable en aussi peu de temps.

— Enfin, se ressaisit-elle, je suis tout de même moins ridicule que votre pauvre père.

Et voilà. Déboulonnée, puis remontée.

Dommage.

Une fois dehors, c'était à notre tour de marcher comme une famille de robots des années cinquante. Clang, clang, faisaient les semelles de nos coques sur la neige, durcie par les températures de la nuit. La paire de skis sur l'épaule, nous avions tous trois fière allure. D'ailleurs, c'était flagrant, tout le monde nous regardait.

— Pourquoi ils nous regardent tous comme ça ? Eux aussi, ils marchent comme des pingouins, avec leurs coques plastiques et leurs skis sur l'épaule, interrogea Frédérique, toujours sur la défensive.

— Oui mais eux, ils ont l'air moins nouilles que nous, lui répondit Catherine.

— Eh, parlez pour vous les parents !

En l'occurrence, moi je n'avais rien dit. Mais

il paraissait évident que, Catherine et moi donnant chacun une main à Amélie, on devait se demander en nous voyant qui de nous ou de notre fille de deux ans et demi empêchait l'autre de tomber.

Les deux petits, en moon boots, paraissaient mille fois plus à l'aise. Et l'étaient d'ailleurs réellement.

Eux, ils avaient luge ce matin, au Jardin de la neige. Je fis sournoisement remarquer à ma femme qu'elle aurait peut-être dû faire elle aussi un ou deux jours au Jardin de la neige avec les deux-six ans avant de se lancer dans des records de vitesse, peut-être plus trop de son âge.

— Tu ne refais pas de luge aujourd'hui, maman ? ajouta Frédérique.

— Oui, bon ben ça va maintenant.

— Remarque maman, aujourd'hui tu as ski, tu n'as peut-être pas encore fini de nous éblouir ?

Je me dis qu'il fallait que je vérifie si le bas des pistes de ski ne coïncidait pas avec l'itinéraire raquettes.

Nous laissâmes Frédérique devant le petit chalet réservé aux ados, au club Teenager. Ici, ce n'est pas le club « ado », c'est le club Teenager.

Cela fait tout de même beaucoup mieux. Surtout lorsque l'on sait qu'en anglais, « teenager » signifie « ado » !

Juste à l'entrée se tenait son hidalgo, en jean et blouson Goretex, négligemment appuyé contre le chambranle. James Dean ! Mais un James Dean pour CM2. Enfin, juste au-dessus. Frédérique, ça nous l'a fait rosir immédiatement. Lui, de son côté, n'avait pas l'air de lui tenir rigueur, pour hier soir. Tant mieux, cela allait nous simplifier les vacances. Parce que si Romuald (nous venions d'apprendre qu'il s'appelait Romuald et je me gardai bien de dire que j'avais eu, dans ma prime jeunesse, un lapin angora que j'avais appelé Romuald et que depuis, Romuald était pour moi un nom de lapin), si Romuald donc, avait décidé d'éviter ma Frédérique durant toutes les vacances, de lui faire une tête de six pieds de long, la semaine de sports d'hiver eût vite tourné au cauchemar.

Nous avions tout de même l'impression de laisser notre grande en territoire ennemi et n'étions pas convaincus qu'elle allait faire de prodigieux progrès, du moins pas à ski. Mais à coup sûr, elle allait grandir à toute vitesse durant cette semaine.

Une fois notre petit monde casé, il ne restait plus que deux couillons traversant l'esplanade du Mont-Blanc en chaussures pour pied-bot, skis sur l'épaule, vêtus de matériaux high-tech pour aller se planter, tout intimidés, devant le chalet de l'ESF.

— J'ai l'impression d'aller repasser le Bac, me chuchota Catherine.

— Je ne sais pas, je n'ai jamais été aussi loin.

— Enfin, je dis le Bac… un examen quoi, le permis de conduire par exemple…

— Je n'aurais jamais osé me présenter à l'examen du permis de conduire avec des chaussures comme celles-là. D'ailleurs, je ne sais pas si on aurait le droit.

Catherine s'énervait. Et je pense qu'il y avait de quoi :

— Oh Raymond, t'es trop con !

À l'intérieur du chalet, il n'y avait que des types en combinaisons rouges. Des femmes aussi. Des filles plutôt. Car côté féminin, il devait y avoir nettement moins de temps qu'elles avaient obtenu leur diplôme. Que des gamines. Les hommes, par contre, avaient vraiment l'air d'être âgés. Je sais que le soleil en montagne accentue le vieillissement de la peau, mais tout de même, il y en avait un ou deux, on se demandait, comme disait Catherine, si les bâtons leur servaient uniquement pour les virages.

Les hommes se trouvaient donc en nombre largement supérieur. Ça se pavanait, tournait, frôlait et jacassait avec ce fort accent des hautes vallées alpines, et cette démarche caractéristique, chaloupée, des porteurs de chaussures de ski, à l'aise dedans, comme nous dans des mocassins. Chez eux, cette démarche paraissait presque fluide, élégante, une seconde nature. Je ne pus m'empêcher à ce moment précis, de me les représenter le soir, après le boulot, en train de se changer, de mettre leurs charentaises et de marcher comme des pingouins. Mais Catherine s'impatientait :

— Quelqu'un s'occupe de l'École de Ski ici ?

Il faut dire que depuis que nous étions entrés dans la permanence, malgré la forte concentration de pulls rouges au mètre carré, aucun ne nous avait adressé la parole, ni même remarqué. Et pourtant, notre accoutrement...

Et puis, devant cette armée de grands bronzés aux sourires de représentants en photocopieurs, ma Catherine ne se sentait plus et commençait à frétiller de partout. Il était temps qu'il se passe quelque chose.

— C'est pour le cours de dix heures ? demanda une voix venant du fin fond du chalet, de derrière le comptoir.

— Oui, oui.

— Vous êtes les premiers, je suis votre moniteur.

Oh non ! Devant nous venait de se planter Éric, le prof du Gymnase club. Enfin, ce n'était pas Éric, mais son clone. Un répliquant. Tout droit sorti du même moule.

Catherine fit « bien, bien » et se précipita. J'ai cru qu'elle allait l'embrasser sur la bouche. Lui aussi d'ailleurs, j'ai eu l'impression. À sa façon de se projeter en arrière. Mais non. Classe ma Catherine, elle lui tendit juste la main.

— Je m'appelle Catherine.

— Kevin, répondit l'autre, mais vous pouvez m'appeler Kev.

Ça y était. Nous en avions ferré un gros, un sérieux. Au bout d'un moment, comme il avait tendance à regarder dans ma direction, Catherine, toujours la main dans celle de

« Kev », finit par se rappeler mon existence :

— Ah, et puis lui, c'est Jacques. (Elle omit bien entendu de préciser que j'étais son mari) mais pour l'embêter, je l'appelle Raymond.

— Ouais, génial, fit le benêt en s'approchant de moi, la main tendue, ça baigne Raymond ?

Et il partit d'un tonitruant éclat de rire en me donnant une grande claque dans le dos.

— Ça va, ça va, répondis-je en suffocant mais vous pouvez m'appeler Ray.

— Ouais, génial Ray, je sens qu'on va bien s'entendre !

Ça, ça m'étonnerait.

En tout cas, vu le silence et la tête de commisération des autres moniteurs, tous sexes confondus (enfin tous... il n'y en avait que deux), en nous regardant, je compris vite qu'une fois de plus, nous n'avions pas eu de chance. Que nous avions décroché le gros lot. Punis pour une obscure raison, mais punis tout de même. Enfin moi. Parce que Catherine, là tout de suite, sa punition à elle, c'était plutôt ma présence.

Nous sortîmes du chalet à la queue leu leu, ma femme frétillante, moi comme à l'enterrement d'un proche. Au fur et à mesure que nous passions devant les collègues de notre moniteur, chacun se fendait d'un clin d'œil. Un clin d'œil signifiant « bonne chance ! »

Nous étions à peine sortis quand le reste des élèves arriva. Nous allions être six. Comme un deuxième manque de chance, il n'y avait qu'une seule femme parmi les quatre nouveaux qui, la pauvre, n'avait rien pour elle. Physiquement je veux dire. Le Kev, il a fait : « Salut tout le monde », je crois qu'il n'a même pas remarqué qu'il y avait une autre femme que la mienne, sur laquelle il portait des regards appuyés.

Comme nous étions un groupe « perfectionnement », Kev nous annonça que nous allions commencer par l'envers du Mont.

— C'est une verte ? demanda Robert, un petit rondouillard à lunettes.

— Verte foncée, lui répondit Kev en éclatant de rire.

Comme nous supposions que ce devait être hilarant, une sorte de jeu de mot local, un trait d'esprit de la profession, et pour ne pas passer pour trop ignares, nous nous fendîmes tous d'un vague sourire.

Il nous regarda, content de lui :

— Ah ouais, j'vous préviens, j'suis chié comme mec. Ça va vous dérider du bureau, j'vous préviens. Ceux qu'ont les lèvres gercées vont s'en souvenir, j'vous préviens !

Pour sûr.

La non-concurente de ma femme, qui s'appelait Thérèse (ça ne s'invente pas !) me souffla à l'oreille :

— Qu'est ce que ça peut être énervant tous ces provinciaux (elle a failli dire « ploucs ») qui sont persuadés parce qu'on est touriste, qu'on est forcément parisien et qu'on travaille forcément dans un bureau.

— Remarquez, c'est un peu comme tous ces Parisiens qui sont persuadés que la totalité des Savoyards sont forcément moniteurs de ski.

La Thérèse, ça me l'a écartée tout net. Elle s'est redressée, m'a regardé de haut en bas en laissant légèrement aller sa tête en arrière, le menton relevé, les yeux mi-clos. Jugé, jaugé. Si je me mettais dès le premier jour à défendre les autochtones, même les plus fieffés abrutis, qu'est-ce que ça allait donner en fin de semaine !

J'étais étiqueté traître, renégat et collabo.

Elle devait également se dire que ça ne serait que justice si je me faisais souffler ma femme.

Ma femme, justement, vint elle aussi me chuchoter dans l'oreille. L'autre oreille.

— Alors mon Jacquou, on dirait qu't'as fait une touche ? T'as raison, elle est plutôt mignonne !

Je trouvais lamentable l'insinuation de Catherine quant au physique ingrat de Thérèse. Je lui chuchotai à mon tour qu'au moins, elle, ne se laissait pas éblouir par le premier con venu, juste parce qu'il avait un joli sourire.

— Je ne pense pas qu'il y ait que le sourire de joli, continua-t-elle à chuchoter. Mais dis-moi, tu ne serais pas par hasard en train de tomber jaloux ?

Je lui fis remarquer que ma jalousie n'était que directement proportionnelle à l'intensité de ses œillades.

— Oh eh, je ne te fais pas une scène parce que tu dragues la première fille venue, hein ?

Comme je restais soufflé, la bouche en « O », elle en profita pour filer, saisit la première perche qu'elle enjamba et qui l'emporta vers les hauteurs, les brumes matinales, l'envers du Mont et sa piste verte foncée. Kev, voyant cela, ne fit ni une ni deux, passa habilement devant tout le monde et s'envola lui aussi sur sa perche, Belzébuth des cimes sur son balai, à la poursuite des fesses de ma femme, confortablement calées sur la rondelle en plastique.

Thérèse partit à la poursuite du « bouffon », comme elle allait l'appeler durant toute la semaine, sur le tire-fesses, le petit Robert à sa suite, les deux autres gugusses, Philippe et Antoine, derrière. Et moi, pour fermer le groupe. Antoine, de suite, n'eut pas l'air très à l'aise. Ou pas assez lourd. Ses deux spatules allaient et venaient, s'entrechoquaient pour repartir hors traces, cela sentait la défaite. Elle survint à la première minuscule petite bosse. Antoine fit « Oh… », son ski droit démarra sur le côté comme une aiguille de chronomètre, à fond, et je crus bien qu'il allait faire un tour complet, emportant tout sur son passage : le sapin, la chaussure, la rotule et les ligaments croisés.

Mais non. Antoine fit le bon choix en lâchant la perche à laquelle il se cramponnait à deux mains comme un beau diable depuis le départ. Depuis l'envol.

Du coup, ce fut l'ensemble de son corps qui partit, sans grand panache il est vrai, mais avec beaucoup de lucidité, d'efficacité, dans une magnifique gerbe de poudreuse, pour se retrouver sur le côté, légèrement en contrebas, enfariné de la tête aux pieds comme un filet de merlan. Seul le ski droit trônait, au beau milieu de la trace, fiché dans la neige. Je réussis in extremis à lever le mien, évitant ainsi de justesse la catastrophe, le doublé, la récidive.

— On se retrouve là-haut, criai-je à l'infortuné Antoine qui ne dut rien entendre du tout, une telle quantité de neige fraîche s'étant insidieusement enfournée jusqu'au fin fond de son conduit auditif.

Là-haut, il faisait grand soleil. Magie de la montagne. Le départ du téléski dans la brume, la grisaille, les nuages floconneux durant la quasi-totalité de l'ascension, puis d'un coup, à une altitude décidée par la montagne seule : plus de nuages ! Traversés, transpercés, vaincus ! On appelle cela la mer de nuages et effectivement, à perte de vue, vers l'infini et au-delà, comme dirait le *Buzz l'Éclair* de Daniel, une mer moutonneuse s'étend, calme, d'où émergent, fantomatiques, de-ci, de-là, les sommets de plus de 2427 mètres d'altitude très exactement. Et au-dessus, tout bleu !

Nous étions tous sous le charme. Ébaubis.

— C'est beau hein ? dis-je en arrivant, à peine la perche libérée, tout bas pour ne pas briser le charme.

— Eh les Parisiens, vous n'avez jamais rien vu ?

— Ce qu'on n'avait jamais vu, en tout cas, c'est un con pareil, susurra Thérèse.

— Nous, on a ça tous les jours, continua Kev.

Je me retins pour lui dire que la connerie aussi, il l'avait tous les jours. Catherine dut le sentir. Elle me fit un petit coucou de la main avec un sourire compréhensif.

— Eh oh Jacques, cool !

J'avais un peu de mal. Kev partait.

— Bon, maintenant que tout le monde est là, on va faire des virages et on verra où vous en êtes. Allez !

Et en deux-trois virages, il disparut à nos yeux dans la forêt d'épicéas. Dans le foutoir le plus total, le reste du groupe s'élança sur la « verte foncée », pour rattraper le professeur qui lui, c'était évident, n'en avait strictement rien à faire du reste du groupe. Encore que compter jusqu'à six, cela devait dépasser ses compétences... mais qu'au moins, il nous attende, nous apprenne, nous enseigne !

Je restai à l'arrivée de la remontée, à attendre un Antoine qui déboucha enfin, toujours déguisé en merlan enfariné, un bon quart d'heure plus tard, sur un ski, l'autre en travers dans les bras, ce qui avait dû lui permettre de percuter chaque pylône. Remonté à bloc, content de me trouver enfin un allié pour faire front commun face à l'adversité, à la bêtise, face à Kev, notre moniteur. Je fus vite déçu. Il arriva tout penaud, contrit, tant il avait peur de se faire moquer de lui, réprimander pour son retard.

— Il aurait pu vous attendre tout de même !

— Mais il faut le comprendre aussi, il a tout un cours à s'occuper, il ne peut pas s'arrêter à chaque fois qu'un maladroit comme moi rate la trace du tire-fesses !

— Je suis désolé, c'est son métier. Il se doit de vous attendre, de nous attendre tous, et de partir en dernier afin de savoir si tout son monde est arrivé sain et sauf.

Je faillis ajouter « au lieu de draguer ma femme ».

Antoine était un opprimé des rapports humains, un défavorisé de l'émotion. Le type qui trouvait toujours des circonstances atténuantes à celui qui lui tapait sur la tête, pour peu qu'il soit affublé, à ses yeux, d'une quelconque aura : gendarme, patron, banquier, assureur, garagiste, moniteur de ski.

— Allez, il faut tout de même les rattraper. Je ne disais pas cela en me souciant de l'inquiétude improbable de Kevin mais plutôt par rapport à ma femme qui avait quand même tendance, elle, à s'inquiéter pour son homme.

Le pauvre Antoine n'était pas à sa place. À chaque virage il tombait, que c'en était affligeant. C'était le type le plus malheureux du monde et il m'en faisait part à chaque virage. En se relevant.

Cela finit par m'agacer tellement de le voir tomber à chaque virage, qu'il me prit l'envie de lui conseiller d'aller tout droit. Plus de virages, plus de chutes. Je l'imaginais avec un plaisir sadique débouler à deux cents à l'heure au bas de la piste, en hurlant, droit sur Kev et ses dents toutes blanches. POF !

Un jour ou l'autre, nous arrivâmes. Comment ? Je ne sais plus, tellement le temps passé me parut long, entre le haut de la piste et notre arrivée non triomphale devant le groupe. Pour l'honneur, ou le plaisir, allez savoir, Antoine tomba une ultime fois.

— Alors, elle n'était pas belle cette verte foncée ? fit Kev, rayonnant.

Antoine grommela quelque chose dans lequel je crus discerner des gros mots. Je répondis que : « si, si, dommage que nous n'ayons pas eu de moniteur avec nous ».

Catherine me faisait de gros froncements de sourcils, avec toutes sortes de moues et de signes de la main qui se voulaient discrets et explicites et m'engageaient distinctement à la fermer.

Kev ne broncha pas. Comprit-il seulement ? Peut-être la devanture, l'étalage de dents blanches s'obscurcit-il un peu. Ou alors ce ne fut que le fruit de mon imagination, Kev n'ayant probablement rien réalisé des événements des vingt dernières minutes.

— On va se faire la piste du Plateau, maintenant

que j'ai bien vu comment tout le monde se comportait, nous annonça Kev avec un aplomb surréaliste.

— Rendez-vous au bas du télésiège !

Et hop, il partit à fond, sa petite troupe d'élèves tentant vainement de le suivre, même de loin. Du coup, il n'entendit pas Antoine bafouiller qu'il en avait marre, trop mouillé, trop de virages, les skis mal réglés, la neige pas comme il fallait, la température comme ci, le soleil comme ça… Bref, Antoine abandonnait, Antoine foutait le camp.

Comme je lui lançai, en passant, un « bonnes vacances quand même ! », il me répondit par un sympathique et reconnaissant « Oh eh oh, ça va hein, c'est pas la peine d'en rajouter ! »

Je repartis un peu furibard, en me disant que la prochaine fois que je croiserai un Antoine sur un tire-fesses, enfariné dans sa poudreuse, il pourrait bien crever la bouche ouverte.

Il m'avait mis en colère.

Et puis la probabilité de retrouver Antoine durant ces quelques jours à *Cime 2000*, sur l'un ou l'autre des tire-fesses de la station, était plus que faible, microscopique, quasi nulle.

Le télésiège du Plateau était un trois places. Je ne sais pas trop comment le Kev s'était débrouillé mais lorsque j'arrivai à mon tour au couloir réservé à l'ESF, la totalité des skieurs de notre petit groupe attendaient sagement, alignés par trois. Sauf ma Catherine et son Kev, tout près d'embarquer au premier siège. Juste elle et lui, lui et elle, attendant le départ, sous l'œil plein de sous-entendus du machiniste, visiblement habitué aux frasques extraconjugales du Kev.

Je ne réfléchis pas. Ni une ni deux, par un virage dont je ne me serais jamais cru capable, je dépassai les trois groupes en attente en lançant un jovial : « désolé, je rejoins ma femme devant, merci », et vins me poser tout sourire, entre eux deux, tentant tant bien que mal de singer le Kev, jouant un peu des coudes, des fesses et des épaules, pile au moment de l'arrivée du siège, alors que Catherine et Kev avaient déjà les genoux fléchis dans l'attente du départ. Le siège nous emporta vers les cimes, en direction du Plateau. Catherine me regardait bouche bée. Kev évitait, lui, de sc tourner vers moi et faisait carrément du boudin. Jusqu'en haut. Je passai négligemment un bras sur l'épaule de ma femme, toujours bouche grande ouverte que j'en étais à redouter qu'il ne se remette à neiger.

— Ça va ma chérie ? Je me suis dépêché, j'ai bien failli vous louper. Excuse-moi.

— Pas d'quoi, sourit Catherine.

Je m'assis le plus confortablement possible sur mon siège, calai mes deux skis sur la barre, écartai les jambes dans un mouvement de totale détente en poussant un :

— Ah putain, on est bien ! Hein Kev ?

Kev fit juste « mmh... », et continua de regarder les sapins, sur le côté droit. Je sentais bien qu'il avait, au moment présent, une fabuleuse envie de me balancer par-dessus bord.

Je jubilais. J'étais en forme et je n'en avais pas fini avec lui :

— À propos Kev, vous n'avez pas vu Antoine ? Visiblement, il n'est plus avec nous.

Son peu de cervelle dut reconnaître un signal d'alerte, une balise. Quelque chose se réveilla qui devait venir du temps de ses diplômes, au sujet de l'éthique de son métier, « sport et responsabilité », « la responsabilité du moniteur de ski » des choses comme cela.

— Hein, quoi ?

Et miracle, la connexion se fit. Il se retourna d'un bloc. Le haut du moins. Le buste. Le bas restant, dieu merci, à sa place sur le siège. Mais le haut du corps était résolument tourné vers l'arrière. Les yeux fouillaient, sur les sièges suivant le nôtre, une silhouette, un signe.

— Mais putain, il est où ce con ?

Là, je trouvais qu'il y allait un peu fort. Déjà, j'avais l'intime conviction que le con en question était plutôt du côté du chercheur que du cherché, et insulter un élève, absent parce qu'il a oublié de s'en préoccuper, c'était gros. Mais je n'attisai pas. Avec le souffle de l'angoisse, la flambée que j'avais allumée ne risquait pas de s'éteindre de sitôt.

J'ai cru un moment qu'il allait sauter. Attraper, au vol, l'échelle d'un pylône, skis aux pieds, pour redescendre comme un fou furieux rejoindre le bas des pistes et trouver le « con », avant qu'on ne le découvre, raide hypothermié, tout mort sous les sapins.

Avant les emmerdements. Mais non.

Il lui avait fallu ôter ses gants pour pouvoir se ronger les ongles. Nous n'existions bien sûr plus du tout, pas même Catherine. À l'arrivée, Kev se rua littéralement sur l'employé debout dans l'embrasure de la porte de la cabane des pisteurs.

— Vite la radio !

— Y'a un accident ? Grave ? Quel pylône ? questionna, professionnel, le type.

— J'en ai paumé un ! cria Kev qui commençait à péter les plombs.

Je décidai qu'il en avait eu assez :

— Appelez le bar du bas, si ça se trouve, il boit un coup en terrasse, lançai-je l'air de rien, alors que j'avais vu notre Antoine s'installer sur une chaise longue.

— Ouais ouais, appelle le Christiania, on sait jamais.

Ils appelèrent le Christiania. Antoine y était. Kev avait pris dix ans d'un coup et c'était bien fait pour lui.

— Putain le con ! Non mais quel con ! Oh le con !

Même en gros mots, Kev était limité. Je me demandais si j'avais bien fait de l'orienter vers le Christiania quand je l'entendais traiter Antoine de la sorte. En même temps, on pouvait mettre tout cela sur le compte de l'angoisse, le relâchement, les nerfs qui se dépelottent. Mais quelque chose en moi me criait l'injustice. Si con il y avait, c'était moi. Et Kev bien entendu.

Mais rapidement, trop à mon goût, il retrouva son allant, sa superbe, sa connerie. Un prodige.

— D'toute façon, on a l'droit à 10 % de perte !

Et il partit d'un grand éclat de rire.

— D'toute façon, les comme Antoine, ça compte même pas dans les 10 %, c'est cadeau, joker !

Il s'en étranglait tellement il riait.

Thérèse lui demanda si dans les 10 %, le moniteur était compris.

— Ben non hein, le moniteur y s'perd pas, lui !

Thérèse répondit tout fort qu'il devait bien y en avoir des assez cons pour se perdre, mais Kev ne prit pas ça pour lui.

Kev dépassait l'entendement.

— Allez, on y va, on fait des virages jusqu'en bas.

C'était reparti.

— Ah non ! explosa Thérèse. Ça commence à bien faire vos âneries. Cela fait deux heures maintenant que nous sommes avec vous, vous ne nous avez strictement rien appris, à part le moyen le plus sûr de perdre quelqu'un en montagne l'hiver. Je paie, cher même, et je veux en avoir pour mon argent. Je paie pour apprendre et je veux apprendre ! Alors, on fait quoi ?

Kev rigola, un peu jaune, fit « OK OK » Cela sentait la mutinerie, le putsch. Il avait beau nous passer tous en revue, un par un, faisant mine d'être apeuré (« ouh là là, pas commode la p'tite dame ! »), pas un d'entre nous n'avait esquissé le moindre sourire de connivence, de compassion.

À part Catherine. Ma femme, cela se lisait sur son visage, blême de colère, ne supportait pas que cette emmerdeuse se permette de s'octroyer le rôle de meneuse, de suffragette des cimes, de Jeanne d'Arc des neiges. Parce que ma Catherine, d'habitude, c'était plutôt son rôle à elle, « Jeanne d'Arc emmerdeuse ». Sa spécialité.

Elle s'approcha de moi :

— Non mais t'as vu ? Pour qui elle se prend cette morue ?

— Pour quelqu'un qui paie suffisamment cher des cours de ski en espérant y apprendre quelque chose.

— Comment ? s'étouffa Catherine, ne me dis pas que tu la défends aussi ? Ah toi, mon pauvre Raymond (c'était reparti), c'est fou l'état dans lequel la jalousie peut te mettre !

J'étais soufflé, une fois de plus. La connerie du Kev ne devenait rien d'autre que le pâle reflet de ma jalousie. Pour un peu, ça allait être de ma faute s'il avait fait le con. Elle enfonça le clou :

— À moins que tu n'en pinces vraiment pour l'autre ! Et elle partit en poussant bien fort sur les bâtons, selon sa technique maintes fois éprouvée : se mettre en position de ne plus pouvoir entendre avant que l'adversaire n'ait préparé sa défense. Avant même qu'il n'ait eu le temps d'y songer.

— Et bien, puisque y'en a qui préfèrent retourner à l'école plutôt que de s'éclater sur les pistes, on va travailler le virage serré. Et va falloir m'écouter !

Kev était vexé, en colère. Moi aussi.

Et puis là, tout d'un coup, retournement de situation, dédoublement de personnalité, le Kev. Ce grand benêt au physique de jeune premier pour midinettes, au QI inférieur à celui d'un poisson rouge, le « blaireau » comme le surnommait désormais Thérèse, lorsqu'il devenait LE moniteur de ski, l'enseignant professionnel, se métamorphosait littéralement. Excellent pédagogue, il se montrait aussi passionné que patient avec ses élèves, agréable, appliqué. Nous crûmes tous, les cinq premières minutes, à une vue de l'esprit, un mirage, l'altitude peut-être, notre cerveau moins oxygéné. Et puis il fallut se rendre à l'évidence, c'était bien lui, notre Kev, dans ce rôle d'excellent enseignant.

Docteur Kevin et Mister Kev !

À l'inverse, point de changement en ce qui concernait Catherine. Contrairement à la luge où elle avait excellé hier, surtout dans les derniers mètres, ma femme se révélait une bien piètre skieuse. Loin de moi l'idée de me mettre en avant, ma technique ne dépassant que de très peu la sienne, mais il était évident que de tout notre petit groupe, ma femme était, depuis le départ d'Antoine, la plus mauvaise. Ou plutôt la plus débutante.

Et bien notre Kev — qu'elle tombe, rate, n'écoute rien, n'en fasse qu'à sa tête, retombe, re-rate, percute le groupe ou les sapins, le tout en râlant, jurant, pestant, appelant au secours ou sa mère — notre Kev, disais-je, ne pouvait plus s'arrêter de la complimenter, de la féliciter, lui faire des « oui », des « bien, voilà » et des « c'est bien comme ça », qu'on aurait pu croire qu'il se foutait ouvertement de sa gueule.

À l'inverse de Catherine, les trois autres et moi-même, comptions un peu pour du beurre. Il s'occupait de nous, nous prodiguait conseils et petits trucs (« là, en attaque de virage, faut que tu sentes graillonner tes carres »), toujours de qualité. Toujours avec sérieux et patience. Même avec Thérèse. Surtout avec Thérèse. Catherine, cela devait la mettre dans une rage folle. Heureusement, elle était si souvent vautrée dans la neige ou en train de rechausser qu'elle ne suivait pas tout en détail.

Mais pour nous, ce qui différait surtout d'avec Catherine, c'était la quantité, le temps passé. Disons un pour dix. Une minute pour nous quatre, dix minutes pour elle toute seule !

— Allez ! vas-y Raymond ! (je ne suis même pas sûr qu'il le faisait exprès…)

Je partais. Avant d'avoir pu amorcer mon virage, Kev s'était déjà tourné vers Catherine qui venait, une fois de plus, de tomber, à l'arrêt cette fois-ci, et m'encourageait, sans avoir rien vu de ma prestation :

— Ouais, bien Raymond. Comme ça.

Et il partait relever Catherine.

Lorsqu'elle en avait assez de se relever, ma femme restait assise, les fesses dans la neige, à regarder le paysage. Du coup, Kev n'ayant plus rien à faire de ce côté-là, s'occupait de nous, de nos virages et de nos prises de carres.

Mais dès que Catherine commençait à faire mine de se relever, même sans le moindre crissement de neige, le bougre devait le sentir. Il se retournait d'un coup, nous délaissant comme de vieilles chaussettes et se précipitait, sans complexe, vers l'objet de sa convoitise.

Mais toute frétillante qu'elle puisse être devant le premier prof de gym venu, le premier moniteur de ski, Catherine c'est Catherine.

Et que l'on rampe à ses pieds de cette façon, que l'on se précipite au moindre de ses désirs, que l'on devance le plus petit de ses soucis... Moi, la connaissant, je ne donnais pas cher du grand Kev. Cela ne tarda pas.

— Oh, c'est bon, j'suis pas impotente, je peux encore me relever toute seule, occupez-vous un peu des autres !

Ça y était. Ma Catherine avait enclenché la seconde, je la retrouvais enfin. Et, une fois n'est pas coutume, elle me lança un regard, souffla et leva les yeux au ciel. Kev resta bouche bée, interdit, une carpe devant l'hameçon. L'hameçon, c'était ma femme, et visiblement, il venait de réaliser que cette fois-ci, la pêche n'allait pas se dérouler tout à fait comme il en rêvait, qu'il allait rentrer bredouille. Il me faisait presque pitié.

Presque.

C'est Thérèse qui ébroua tout le monde. Remit une giclée d'huile sur le feu :

— Bon, ben voilà déjà un problème de réglé. On va pouvoir récupérer notre moniteur.

J'ai cru que la neige allait fondre autour de Catherine, tant sa colère semblait irradier. De plus, j'ai ricané. Je n'aurais sans doute pas dû.

L'après-midi finit de se dérouler gentiment, au rythme des virages pour nous, des chutes pour Catherine. Kev nous emmena pour finir sur une rouge facile (une « rose pâle », ironisa Thérèse) et d'elle-même, ma femme se retira, préférant se faire dorer au soleil du Christiania.

— Tu veux que je reste avec toi ma chérie ?

— Fous-moi donc la paix Raymond et va skier avec ton boudin. Tu veux bien ?

Là, elle était très en colère. Il était donc en effet grandement préférable que j'aille skier.

Avec mon boudin.

Une demi-heure plus tard, c'était fini, oublié. Une chose dont notre couple pouvait se vanter, c'était du manque total de rancune. Nous pouvions nous balancer à la figure les pires vacheries, les hostilités prenaient en général fin en même temps que la dernière prononcée.

Heureusement. S'il nous avait fallu nous faire la tête à chaque dispute, nous serions fâchés depuis notre nuit de noces. Nous serions surtout divorcés depuis la minute même de notre mariage. Peut-être même bien avant.

Après une descente plus normale, des relations plus détendues et un moniteur disponible, je retrouvai ma Catherine sur une chaise longue à siroter un thé citron. Sereine. Elle s'était bien un peu fait draguer à deux reprises par des habitués qu'elle avait gentiment envoyés promener, sauf que lorsqu'on connaissait un tant soit peu Catherine, on pouvait être certain que cela n'avait rien eu de gentil. Et nul doute que les deux garçons en question avaient compris une bonne fois pour toutes qu'il était inutile de prolonger l'expérience et qu'ils n'étaient pas près de la renouveler de si tôt.

Ça aussi, c'était ma Catherine.

À dix-sept heures, les cours se terminaient. On se serait cru à la sortie du lycée. Les groupes d'élèves se croisaient, papotaient, rentraient dans leurs « grands deux pièces » ou leur bar préféré ou bien, comme c'était notre cas, s'en allaient récupérer leur progéniture après les activités de la journée.

Les moniteurs, eux, avec force claques dans le dos et blagues de potaches à l'adresse de leurs élèves, s'en allaient un par un, comme à confesse, se « taper un canon ». Au Christiania. Qui était, il est vrai, incontournable, ne serait-ce que parce qu'il était le seul.

Au bar, les « pulls rouges » buvaient des bières en rigolant. Assis aux tables, les élèves (filles) gloussaient en reluquant les plus jeunes, s'échangeaient leurs impressions entre copines.

Sauf Thérèse.

Nous arrivâmes les tout derniers au jardin d'enfant. Amélie hurlait et je fus tout chamboulé en me l'imaginant, la journée durant, sanglotante, désespérée de ne pas voir son papa.

Mais non.

— Pas du tout, nous rassura l'éducatrice.

Jusqu'à ce qu'elle vous voie, elle était hilare, rayonnante et épanouie. Elle hurle comme ça depuis qu'on lui a annoncé que ses parents venaient la chercher.

Daniel avait dû se passer le mot avec sa petite sœur. Il nous embrassa d'une demi-lèvre inattentive en nous demandant si c'était encore long avant demain matin.

Catherine se tourna vers moi :

— On fait quoi ? On les prive de dessert ? De repas du soir ?

Mais il fallut vite faire machine arrière devant l'éducatrice-chef qui n'avait visiblement pas le même humour que mon épouse.

— Non, non, c'est pour rire, bien sûr qu'on va leur donner à manger, nous sommes tellement contents de savoir qu'ils se plaisent ici, avec vous, etc, etc…

— Ah bon, continua l'adjudant, indécrottable, parce que vous savez, punir comme cela des enfants ne serait en rien pédagogique et vous savez…

— Oui, on sait ! coupa Catherine qui venait de passer en « Alerte Orange ». Et si nous devions les punir ce soir en les fouettant, nous vous promettons de faire attention : pas de menottes. Ou alors pas serrées. Bonsoir !

Daniel regardait sa maman d'un air mi-interloqué, mi-amusé. L'éducatrice, elle, l'observait de l'air de quelqu'un qui essaie à toute vitesse de se remémorer le numéro d'urgence de la DDASS.

Quant à Amélie, elle hurlait toujours. On allait peut-être finalement la priver de dîner.

Frédérique, au club Teenager, ne hurlait pas. Mais si son âge le lui avait permis, elle ne s'en serait pas privée. Parce que tout comme le frère et la sœur, nous revoir ne la remplissait pas d'allégresse, loin s'en faut.

Cela devait tenir à notre famille.

Il faisait une chaleur à crever au club Teenager. Ou alors, c'était parce que nous arrivions de l'extérieur, sans avoir pris le temps d'ôter le haut de nos combinaisons, les bonnets, les gants. La plupart des ados étaient donc en tee-shirts, voire à peine. Notre Frédérique (mon grand bébé) était assise sur une sorte de canapé-pouf, en grande contemplation de son Romuald. Lui était vautré contre elle, le bras autour du cou et la main négligemment enfouie au plus profond du tee-shirt de ma fille.

Moi, j'avais promis de ne rien dire, je n'ai rien dit. Catherine si.

— Il a perdu quelque chose le garçon ?

Tout le monde s'est arrêté de parler, de boire, de fumer, toutes les mains sont sorties précipitamment des tee-shirts des filles, et nous, une fois de plus, sommes passés pour de vieux réactionnaires.

Enfin là, uniquement Catherine.

Moi j'avais bien fait de me la fermer. Je consolidai mon avance en ébauchant lâchement, derrière l'épaule de ma femme, un léger clin d'œil aux tourtereaux (genre : « je sais ce que c'est, j'ai été jeune, laissez couler... ».)

Je regagnai tous les points bêtement perdus la veille au soir, avec en prime, une partie gratuite. Une partie de karaoké.

Parce que, à peine Catherine partie, furibonde, laissant deux douzaines d'ados en arrêt (et dans l'expectative), Frédérique et Romuald se précipitèrent vers moi tout cajoleurs. Je devenais en un clin d'œil bien placé au bon moment, le meilleur papa du monde, le plus cool, jeune, tellement moderne. Pour le meilleur et pour le pire. Le meilleur, c'était l'affection retrouvée de ma fille, son pardon.

Le pire étant l'invitation incontournable au karaoké de ce soir.

J'en connaissais une qui allait bien rigoler.

Ceci étant, je n'étais pas obligé de lui parler du clin d'œil.

— Allez papa, s'il te plaît, dis oui, tu verras c'est super sympa !

— Ouais m'sieur, j'vous assure, c'est chouette, renchérit Romuald.

Lui, plus je le regardais, plus il me faisait penser à un lapin. Buggs Bunny. Ce devait être à cause des oreilles. Ou des dents. Je me disais que si, avec Frédérique, cela devait se préciser au niveau des bisous, il allait me la rendre toute mordillée de partout, grignotée. Au moins elle ne pourrait pas nous dire que ce n'était pas vrai.

« Chouette », il avait dit Romuald. Il avait dû me trouver tellement vieux qu'il avait cherché très loin dans sa tête des mots qui n'existaient plus depuis la grande guerre à laquelle, il n'en doutait pas, j'avais activement participé. « Sympa, cool », il m'en avait fait grâce, pour ne pas m'humilier devant tout le monde, devant ma fille, déboussolé que j'eusse pu être par ce langage inconnu et totalement étranger.

Petit con !

Enfin. Si je n'y allais pas, au karaoké, Catherine ne voudrait pas que Frédérique y aille seule. Et moi non plus. Et si Frédérique n'y allait pas, sûr que Buggs Bunny allait trouver un tas d'autres tee-shirts pour aller y enfouir ses pattes (de lapin). Et cela, ma fille ne nous le pardonnerait jamais. Cela lui éviterait pourtant de se faire grignoter de partout comme une vulgaire carotte.

À vingt et une heure, il y avait déjà un monde fou au Dahu. La moyenne d'âge devait y être de douze-treize ans et dépassait, dieu merci, les dix ans, grâce aux dix-huit ans du très vieux disc jockey, surnommé Mickey Mouse.

Du coup, dès mon arrivée, elle grimpa à trente-cinq ans comme une fleur. C'était assez bizarre. Avec ma fille de quinze ans, je me sentais tout à fait à ma place de père. Avec tous ces morveux qui pourtant, avaient sensiblement le même âge qu'elle, je me faisais l'impression d'être plus vieux de deux ou trois générations. Un vieillard tout fripé, un fossile.

— Tu viens papa ?

Je ne savais plus trop. Plus envie. Je me voyais pourtant mal expliquer à ma fille que nous allions rentrer, tellement je ne me sentais pas à l'aise avec ses potes en quasi culottes courtes.

— De toute façon, je n'ai pas le choix hein ?

— Ben non. Oh, allez, ce n'est pas le bagne tout de même ?

Je me retins de lui répondre que « non, juste bien pire ! » Et je n'avais pas encore attaqué la période des travaux forcés !

Je m'assis le plus discrètement possible entre une Lolita en minijupe et bas résille qui devait avoir dans les onze ans et demi et un surfeur, la casquette à l'envers, vêtu du jean de son grand frère et de baskets qu'il avait dû oublier de lasser. Mais je me retins bien de le lui faire remarquer.

Frédérique, la traîtresse, était partie se faire grignoter, me laissant seul au beau milieu de ce rassemblement d'extraterrestres mi-hostiles, mi-admiratifs. Ou inquiets, je ne savais pas trop et eux non plus. Étais-je l'ennemi ? Le parent ? Le prof ? Le mono ? Ou l'ami, vieux Peter Pan refusant l'âge adulte, un peu bizarre mais bien gentil ?

Ils ne faisaient plus vraiment bébés, mais n'étaient pas encore ados. Entre lait de croissance et Kronenbourg. C'est l'idée qui me vint lorsque le garçon, goguenard, s'approcha pour prendre ma commande :

— Monsieur ? Coca ou Ski fun ?

J'aurais dû dire Coca au lieu, bêtement de demander la composition d'un Ski fun. Déjà cela a fait ricaner la Lolita et le Beach Boy des CM1 pour ensuite faire lever les yeux au ciel du garçon lorsqu'il m'a répondu :

— Schweppes, sirop d'orgeat et jus de pomme. Monsieur n'a pas d'enfants sans doute ?

J'étais prêt à lui rétorquer qu'il pouvait tout aussi bien s'occuper de ses fesses, mais il était déjà parti. Mes deux voisins également qui, dans les sous-entendus du garçon, avaient dû voir comme un avertissement, une menace. Car un type de mon âge ici, à cette heure et sans enfant, qui ne connaissait pas la composition du Ski fun était forcément suspect.

C'était un comble. De victime préposée à tenir la chandelle de ma fille au lieu de m'endormir devant Grèce-Bulgarie sur la une, à demi allongé dans le clic-clac, je devenais suspect pédophile ignorant et d'âge canonique.

Merci Frédérique.

Je m'apprêtais à aller la trouver pour me calmer, me détendre en sommant Romuald d'ôter les mains de sous le tee-shirt de ma fille, lorsque je la vis arriver, avec Romuald, mais également accompagnée de toute une flopée de schtroumfettes de treize ans et demi, sapées et maquillées comme des reines de la nuit. Je ne le savais pas encore, n'avais pas compris que mon heure était venue.

La scène au fond, la scène de karaoké, je n'avais fait que l'entr'apercevoir, sans trop m'occuper du défilé de clampins de tous âges (compris toutefois entre dix et seize ans), venus un par un massacrer l'avant dernier tube de Lorie (je venais tout juste d'apprendre qui était Lorie) ou le dernier de Claude François. Lui je connaissais, mais il me semblait bien qu'il était mort.

Moi, j'ai eu de la chance. Le groupe de schtroumfettes, ma fille en tête, me poussa vigoureusement vers l'estrade en hurlant :

— Lui, lui !

« Lui », c'était moi. C'était juste après la série des Claude François. Mais lorsque Mickey Mouse, le DJ, annonça que, pour me faire plaisir, nous allions attaquer un « medley » des meilleures chansons de Sheila et France Gall, j'ai presque regretté Cloclo. « Pour me faire plaisir ». Ils auraient pu se renseigner.

Je montai sur scène sous une nuée d'applaudissements rigolards et les cris hystériques de ma fille qui hurlait « papa » comme elle aurait pu hurler « Patrick ».

Je devais interpréter « Sacré Charlemagne ».

Au lieu de faire démarrer sa machine tout de suite, que ce soit fini, Mickey fit monter la sauce en hurlant « et on encourage papy ! »

Et tout le monde de taper des mains en scandant :

— Pa-py-charlemagne ! Pa-py-charlemagne !

J'étais le plus droit, le plus digne possible, ridicule sur mon estrade, me forçant tant bien que mal à sourire, du moins à ma fille.

Je vivais un calvaire. J'attendais d'une minute à l'autre qu'un homme tout de noir vêtu vienne me proposer un dernier verre de rhum, une cigarette, en me bandant les yeux.

Je pense que j'aurais accepté.

Le prompteur se mit en route. Les caractères étaient énormes, spécial presbytes, ils avaient dû les créer rien que pour moi, au dernier moment. Dès la deuxième phrase (« un jour d'inventer l'école »), la salle entière se mit à taper des mains, plus ou moins en cadence, histoire de me pourrir un peu plus la vie. Je transpirais comme une vieille serpillière, j'étais à l'Olympia, à Berçy, au plus mal. Une chance, ils n'avaient pas exigé de moi que je porte une jupe écossaise et des couettes. Ça aurait pu.

La chanson (un bien grand mot peut-être) me sembla durer une terrible éternité. Chaque seconde, une minute ; et chaque minute, des heures. À chaque fois que je ratais un mot, une phrase, un rythme, la salle entière passait des claquements de mains aux sifflets, aux quolibets. Je fis mine de ne point entendre les « dehors le clown ! » et « aux chiottes papy ! », cela m'aurait encore fait monter la tension. Je m'appliquais malgré tout, malgré l'hostilité déclarée que je ressentais au plus profond des torrents de sueur qui me dégoulinaient le long de la colonne.

Le calvaire touchait à sa fin. Au dernier « sacré Charlemagne », la foule en délire remplaça « sacré » par « papy ». Ils étaient bons, surdoués, ils avaient dû répéter.

Moi non.

Et puis tout s'arrêta. Et dans un tonnerre d'applaudissements, j'entrevis ma fille et ses copines scander « Pa-py Charlemagne ! Pa-py Charlemagne ! ». Celle-là, elle avait intérêt à filer doux à la rentrée, à ramener des notes impeccables, un livret de premier ordre.

J'avais les jambes comme du yaourt. Le serveur de tout à l'heure vint me prendre par le bras pour me faire descendre de scène. Moi qui n'avais rêvé que de ce moment-là depuis trois interminables minutes, je n'arrivais pas maintenant à me presser. Et cela devait se voir, j'embouteillais la scène pour les suivants, je gênais.

Je descendis de l'échafaud tout surpris d'être encore en vie. Les statistiques montrent que c'est extrêmement rare. Je m'en souvenais dans les westerns. Pour qu'un condamné à mort soit gracié, il fallait que la corde se rompe et cela n'arrivait pas souvent. Ou alors qu'un proche copain du condamné, fin tireur, coupe tout net la corde d'une balle de Winchester. Mais je ne connaissais pas de fin tireur parmi mes proches. Juste Henri, le beau-frère, chasseur. Mais fin…

J'arrivais au bas des marches. On vint me congratuler, même Frédérique. Certains, les plus jeunes, je sentais bien à leur regard inquiet qu'ils se demandaient s'ils devaient m'amener un déambulateur.

Frédérique vint m'embrasser. Je ne savais si je devais tenter de lui sourire ou lui faire ouvertement la tête.

— Tu as été génial, papa !

Donc, j'optai pour le sourire, même si ma fille venait de prononcer le plus gros mensonge de toute sa courte vie.

Je profitai de l'état de grâce pour lui dire :

— Allez viens, on y va.

Elle serait bien restée mais devait sentir que j'avais suffisamment donné, qu'il était inutile de chercher à négocier. J'étais trempé. J'allais en plus m'attraper une broncho-pneumonie.

Frédérique me donnait le bras, je n'arrivais pas à savoir si c'était affectueusement à son papa qui venait de s'investir pour elle au-delà de tout ce qu'elle avait connu, ou plus médicalement au papy qui, dans l'état où il s'était mis, nécessitait une surveillance, un soutien.

À l'appartement, ouf, Catherine dormait. Mais nous la réveillâmes. Ce devait être le bruit de cascade que faisait ma sueur en tombant sur le linoléum.

— Alors, ça s'est bien passé ? marmonna-t-elle.

— Chut, rendors-toi ma chérie, fis-je dans un murmure.

Mais Frédérique ne voulut pas laisser passer un tel moment, un tel plaisir.

— Ton père s'est bien tenu ma chérie ?

Elle ne put s'empêcher de pouffer, et cela dut titiller Catherine qui se dressa d'un bond sur ses oreillers, alluma son chevet et, avec un sourire que je ne lui connaissais que trop, implora, gourmande :

— Allez, raconte !

Et Frédérique raconta. Tout. En gros et en détail. Je serais bien allé m'enfermer dans ma chambre, mais c'était là, ma chambre. Ma chambre et le reste d'ailleurs. Il me restait la salle de bain, tant pis pour les voisins, j'allais me prendre une douche. Et puis cela me permettrait d'éviter le récit de mes exploits. Je préférais prendre le risque de laisser Frédérique raconter ce qu'elle voulait, plutôt que de revivre le calvaire de ce soir. Avec les ricanements de Catherine en prime.

MARDI

Au programme du mardi, il y avait ski de fond et visite de la fromagerie. Dès le réveil, Frédérique demanda si c'était obligé. Je lui répondis que cela ne pouvait pas lui faire de mal de se cultiver un peu.

— Je passe le reste de l'année à me cultiver, alors là, vacances !

L'adolescence, quelquefois, me laissait pantois. J'allais répondre et je ne savais pas encore quoi. Catherine dut le sentir, qui me coupa la parole avant que je ne la prenne.

— Remarque, elle n'a pas tort. Et puis, ce ne doit pas être forcément exaltant une visite de fromagerie pour une fille de son âge, au lieu d'aller s'amuser avec les copains.

Je la remerciai de son aide. Je faillis ajouter qu'il fallait remplacer « s'amuser » par « se faire grignoter », mais c'était un truc entre moi et moi. Je souris juste en pensant à Buggs Bunny.

— Pourquoi tu rigoles ?

— Non rien, vous ne pourriez pas comprendre. Non mais !

Frédérique ne viendrait donc pas à la visite. Et je sentais bien que Catherine, il m'allait falloir la traîner. Au moins, cela intéresserait Daniel, j'en étais convaincu.

— C'est vrai que ça pue ? demanda-t-il

— T'as déjà vu un fromage qui sent bon toi ? conclut Frédérique.

Le temps était médiocre. Idéal pour le ski de fond, pour ne pas avoir trop chaud. J'enfilai un collant en Lycra, et pour le haut, une polaire et une veste firent l'affaire. Catherine avait tout de même trouvé le moyen de se dégotter une combinaison de ski de fond. Fuschia.

— Ouah maman, t'es habillée comme si tu savais en faire !

— Un peu que je sais en faire. Et toi, tu sais en faire ?

— Ah moi non. Je préfère le sport. J'attendrai d'avoir votre âge, quand je ne pourrai plus rien pratiquer d'autre.

Catherine tenta, en vain, de lui inculquer quelques notions de base démontrant que le ski de fond était reconnu médicalement comme un des sports les plus durs, mais ce fut peine perdue. Frédérique avait juste envie de nous asticoter. Comme je souriais un tout petit peu, Catherine s'attaqua à moi :

— Et toi Raymond, tu en as fait souvent du ski de fond ?

— Ben comme toi, deux fois. C'est pour cela que j'attends encore un peu avant d'investir dans une tenue complète, et probablement hors de prix.

— Oh moi… je la mets parce que je l'avais.

Cela lui permettait de couper court à une discussion qu'elle devait sentir ne pas maîtriser. Quoiqu'avec Catherine… En plus, elle ne mentait même pas. La combinaison, elle l'avait effectivement. Même si cela ne faisait pas plus de quatre ou cinq jours.

Il était presque l'heure d'y aller, le cours débutait à dix heures et Amélie nous avait mis en retard. Enfin, son biberon plus exactement. Peu habitué au micro-onde, je l'avais programmé sur « cinq minutes ». Lorsque j'ouvris la porte, le lait s'échappa par la tétine en giclées verticales tellement ça bouillait là-dedans. En plus d'avoir à éponger le micro-ondes, il fallut également changer la tétine toute déformée sous l'action de la chaleur.

J'eus l'idée de mettre le biberon dans une casserole d'eau froide, sur le balcon, dans la neige. Comme nous l'avions oublié, ce fut Amélie qui nous rappela à l'ordre :

— Bibon, bibon !

Le lait n'était pas gelé mais c'était tout comme. En paillettes. Je remis l'ensemble au micro-onde en me disant que c'était quand même drôlement bien le progrès. J'enlevai la tétine, et minuteur sur « deux minutes ».

— Il va s'en sortir avec son biberon ou il a besoin d'un coup de main ? Parce qu'il y en a une qui commence à avoir faim…

J'adorais lorsqu'elle m'adressait la parole à la troisième personne. Je crois que c'était pire que « Raymond ».

Il n'empêche que je ne m'en sortais pas. Au

« tu tut » des deux minutes, le lait était à peine tiède, tant son séjour à l'extérieur l'avait ramené tout proche du point de congélation. Ni une ni deux, je rajoutai deux minutes. C'est long deux minutes avec Amélie qui vous hurle dans les tympans. Très long. D'autant qu'au bout des deux minutes, le lait, testé sur le dos de la main, était beaucoup trop chaud.

Catherine me regarda et me prit délicatement la gamine des bras. Je pense que si elle s'était avisée d'émettre la moindre réflexion, je lui mettais la tête dans le micro-onde, programmation sur dix minutes et hop, départ !

Au jardin d'enfants, l'animatrice ébaucha un sourire gêné en nous enlevant Daniel des bras. Elle avait l'air surprise qu'il nous fasse des grands sourires, nous envoie des bisous.

— Et pas un mot sur les menottes, sinon couic ! ne put s'empêcher d'envenimer Catherine en se passant l'index sous la gorge. Daniel nous regarda bizarrement, la fille pas du tout. Sûr que dès qu'elle serait à l'abri de nos regards, elle examinerait notre fils des pieds à la tête, à la recherche d'éventuelles brûlures de cigarettes.

Amélie partit, elle, rejoindre copains et copines de son côté, une fois de plus sans le moindre petit début de chagrin en nous quittant. Le pire, c'était qu'en tant qu'adultes responsables, il fallait nous en réjouir.

Frédérique quant à elle, avait à son programme « pistes bleues ».

Et grignotage.

Cela a commencé juste en quittant le jardin d'enfants, insidieusement, sans que je ne prenne conscience tout de suite du sérieux de la situation.

Déjà un petit moustachu à bonnet à pompon qui m'a croisé, hilare, pouce levé à mon approche. Puis un second, grand maigre celui-ci, en combinaison, qui m'a fait une courbette obséquieuse en susurrant « quel honneur ! ». Catherine commençait à se gausser gentiment, comme quoi j'avais une sacrée cote avec la gent masculine de la station.

— À se demander où tu as passé ta soirée d'hier. Il y a un club cuir à *Cime 2000* ?

La soirée d'hier ! J'y étais. J'avais tout compris. Au même moment, toute une petite famille nous dépassa en chantant « c'est ce sacré Charlemagne ».

Pour confirmer mes craintes.

En traversant l'esplanade du Mont-Blanc, je remontai mon col, ajustai mon masque de ski. J'étais partout ! Toutes les devantures des boutiques affichaient ma bobine rougeoyante, ruisselante, prise en flagrant délit de postillonnage dans le micro, le tout en format A4, avec comme légende : « Pour les anciens, soirée années soixante au Dahu ». Le club Teenager éditait chaque semaine une feuille de chou relatant les événements marquants de la station. J'arrivais donc en tête des événements marquants, en couverture et en gros plan. À la fin de l'article racontant mes exploits, s'étalait, entre autres, le nom de l'infâme traîtresse : Frédérique Bottin ! Ma propre fille, ma Judas.

Le moniteur s'appelait Jean-Claude. Absolument rien à voir avec Kev, le Jean-Claude. Un « anti Kev ». Grand, sec et maigre à la limite de la perfusion, pommettes saillantes et nez pelé, il ne devait sourire qu'à chaque remise de coupe, de médaille, à chaque podium. Car Jean-Claude était un champion, une pointure. Les autres élèves du cours étaient tous impressionnés :

« Vous vous rendez compte, on a cours avec Jean-Claude L ! »

Moi, je m'y connaissais à peu près autant en noms de champions de ski de fond qu'en marques de vernis à ongles.

— Ben alors, tu connais pas ? Toi qui regardes toujours le foot !

Catherine était désarmante.

Et bien non. Jean-Claude n'était rien de plus pour moi qu'un anorexique tristounet qui ferait bien de se lâcher de temps à autre, et pas uniquement sur ses planches.

Par contre comme professeur, chapeau ! Ceci étant, Catherine avait raison de rechigner à y venir, et Frédérique tort de le considérer comme un sport de vieux : le ski de fond, qu'est ce que c'est dur ! Parce que non seulement c'est dur dans les descentes, mais c'est dur aussi dans les montées. Même à plat c'est dur ! Le ski de fond, le seul moment où c'est facile, c'est quand c'est fini.

En plus, il y en a qui ont trouvé malin d'enlever les carres. Les carres, sur les skis, ce sont les petites baguettes d'acier bordant la semelle. C'est pour tourner. Et puisque sur les skis de fond, on a enlevé les carres, et bien on ne tourne pas. On tombe. Dans le meilleur des cas. Parce que dans le pire des cas, on va tout droit. Et comme le ski de fond, c'est drôlement bucolique, drôlement champêtre, et donc drôlement dans les sapins, et bien on va tout droit dans un sapin.

Il y a deux façons de pratiquer le ski de fond : le « pas alternatif » et le « pas de patineur » (Thérèse dit « skating »).

Le pas alternatif, tu suis les traces, et lorsque tu arrives, assez vite, au bas d'une descente avec virage, tu veux très fort que tes skis suivent la courbe mais eux ne le veulent pas.

Alors tu tombes.

Le pas de patineur, tu n'es pas ennuyé par les traces vu qu'il n'y en a pas et, dans le même cas de figure de pente raide avec virage, ni toi ni les skis ne veulent suivre la courbe.

Alors tu tombes également.

Mais les choses sont plus claires, tu le sais dès le début de la descente. En pas de patineur, tu ne te prépares donc pas à tourner, tu te prépares à tomber.

C'est la seule différence.

En attendant, quel que soit le pas, tu as le cœur à 180 pulsations/minute pendant des heures. Ce qui nous a fait nous demander comment ce putain de sport avait pu devenir la coqueluche du troisième âge, à part pour des histoires de sélection naturelle.

Nous choisîmes le « pas alternatif ». On nous avait dit « vous verrez, c'est plus cool ». « Plus cool », ce n'est pas tout à fait le terme que j'aurais employé. J'aurais plutôt dit « moins pas cool ».

À chaque sommet de côte, je regardais ma Catherine, blanche comme un meuble IKEA, langue gonflée sortie de la bouche, la poitrine s'activant comme une forge. De son côté, elle me fixait avec le regard que l'on a pour son mari lorsqu'on le sent mourir, à coup sûr et dans peu de temps.

Très dur.

Au bout de deux heures de chutes en bas, de tentatives d'arrêts cardiaques en haut, nous rejoignîmes une piste verte qui nous parut presque facile. Jean-Claude rigolait toujours autant, c'est-à-dire pas du tout, et nous agaçait un tout petit peu à caracoler devant, derrière, à côté, comme un setter à la chasse, sans l'once d'une goutte de sueur, alors que nous, sans caracoler (loin s'en faut) le moins du monde, étions à peu près tous dans le même état que moi, la veille au soir, sur la scène du Dahu.

Je repris malgré tout un rythme cardiaque quasi normal, un souffle adapté et peut-être même un certain plaisir à cet effort violent mais maîtrisé, à ce sport inhumain dont le stade n'est autre qu'une nature vierge et presque immaculée, et je me surpris, en côte, à doubler trois de mes coéquipiers, en pleine possession de mes moyens.

Mal m'en prit.

Une espèce de grand machin en combinaison fluo m'arriva dessus en hurlant une bordée d'insultes toutes plus vexantes les unes que les autres sur les parisiens, les touristes, les branlus et les vieux. Je crus également comprendre au milieu du chapelet que je skiais à contre sens.

Je n'avais pas encore fini de me remettre de la trouille de ma vie que Jean-Claude m'en repassa une deuxième couche, comme quoi je n'avais absolument pas le droit de doubler à cet endroit là, qu'il y avait un code du ski de fond comme il y a un code de la route (« vous avez bien votre permis de conduire, vous savez donc ce que c'est ? » Là, j'ai bien cru que Catherine allait faire pipi dans sa culotte), que j'étais inconscient, et qu'il fallait l'écouter, qu'il ne suffisait pas d'avoir des jambes mais aussi un cerveau.

Décidément, j'avais un mauvais Karma avec les moniteurs de ski. Ou bien avec les cons.

J'en regrettais presque Kev.

Au moment où je m'apprêtais à l'émasculer d'un coup de bâton, Catherine se glissa habilement tout contre moi en me susurrant :

— Tout doux mon Jacquou, c'est rien que des vacances !

Catherine savait s'y prendre. Elle venait d'un coup de me faire redescendre la tension en m'évitant vingt-cinq ans de QHS pour meurtre.

Merci Catherine.

Nous venions donc d'apprendre qu'il y avait en ski de fond comme partout ailleurs, d'une part des règles de conduite à ne pas transgresser, d'autre part des cons.

Et quelque part, c'était rassurant.

Ce fut Catherine qui fit les frais du troisième enseignement de la journée : « En ski de fond, se méfier des tensions locales ». Jean-Claude nous avait expliqué qu'il y avait dans beaucoup de régions, dont celle-ci, des accords entre éleveurs locaux et la gestion de la station, consistant pour les premiers, à mettre à bas la totalité des clôtures barbelées et pour les seconds, à dédommager les éleveurs d'une façon ou d'une autre. Autour de *Cime 2000*, la seconde partie de la tractation avait dû plus ou moins mal se passer et l'éleveur en colère, se sentant lésé, berné, avait subrepticement raccroché, de nuit et sans lune, les fils barbelés à ses piquets et « que ça serait bien fait pour eux ».

Enfin, pour Catherine.

Comme arrivait la fin du cours, Jean-Claude nous autorisa à sortir des pistes pour « se faire un petit plaisir », comme il a dit (comme s'il avait la tête à savoir ce que c'est que le plaisir !), en partant tout droit dans la pente, tout droit sur le foyer de ski de fond, loin en bas.

Et Catherine fit comme il a dit.

Mais Catherine n'aurait pas dû.

On a juste entendu « Oumf ! »

Au beau milieu de la descente, raide d'ailleurs, alors que j'étais derrière elle, j'ai vu ma Catherine s'arrêter tout net, puis, comme après un temps de réflexion qui ne dut pas durer plus d'un centième de seconde, partir parallèle à la pente, comme un missile Tomawak, sans skis, sans chaussures, ni aucune retenue, hurlant comme une damnée, pour aller une fois de plus finir tête la première dans la neige restée, jusque-là, désespérément vierge.

Cela devenait une habitude.

Mais comme « à habitude point de maux » (proverbe savoyard), Catherine se relevait, furieuse mais entière, à la recherche de ses skis et chaussures, exempte de la plus petite entaille, coupure ou blessure.

Vu le vol, c'en était gênant pour tous ceux qui se blessent sérieusement avec trois fois rien.

Ce fut tout de même le skidoo de la sécurité des pistes qui rapatria Catherine au foyer de ski de fond. Elle avait en effet retrouvé ses skis qui, contrairement à ses tibias, étaient eux pétés tout net. Le loueur le prit tout de suite très mal, nous soupçonnant, vu l'état du matériel, de nous en être servis pour tout autre chose.

— C'est pas possible, répétait-il, si les skis sont dans cet état, elle (il désigna ma femme du menton, comme une vulgaire sorcière) devrait être morte.

Mais Jean-Claude arriva, tout sourire (je plaisante) pour expliquer l'incident et dédouaner ma femme par la même occasion, avant de nous quitter en nous serrant chaleureusement la main. Cela nous rendit un tout petit peu de notre bonne humeur, mais un tout petit peu seulement. Frédérique, à notre arrivée, dut le sentir, car elle ne fit aucune remarque désobligeante, ne posa aucune question à sa mère.

De notre côté, nous n'osâmes pas, par pudeur, demander à Frédérique si sa journée s'était bien passée, tant elle avait le cou et les joues irrités, enflammés.

Le grignotage avait débuté.

Nous nous étions mis d'accord avec Catherine pour ne pas embêter notre grande avec la visite de la fromagerie, à seize heures, mais elle insista pour nous accompagner. En deux-trois questions insidieuses, nous comprîmes : Buggs Bunny en était, avec ses parents.

« La famille lapin à la fromagerie ». On aurait dit le titre d'un album du Père Castor.

Nous eûmes juste le temps de récupérer les petits, en faisant de grands sourires carnassiers à l'éducatrice qui ne savait plus vraiment si c'était du lard ou du cochon, et de sauter dans la voiture pour descendre au bourg où nous avions rendez-vous avec le reste de notre groupe devant la fromagerie.

Il commençait à neiger, la matinée « chiens de traîneau » du lendemain s'annonçait sous de bons auspices.

Seize heures : « Fromagerie des Vallées ». Il était temps, tout le monde nous attendait de pied ferme. Mais comme il était seize heures pile, personne ne se permit la moindre réflexion, pas même Thérèse qui l'aurait tant souhaité, et au grand dam de Catherine qui n'attendait que cela pour lui sauter à la gorge.

Carole, l'accompagnatrice de l'agence avait l'air de s'ennuyer ferme, malgré le sourire d'accueil. Il faut dire qu'à mille deux cent quatre-vingt-quinze visites annuelles de la fromagerie, cela doit vous ôter l'envie d'éclater de rire.

— Nous allons donc pénétrer dans le sanctuaire de la vallée, la fromagerie, second apport financier après le tourisme d'hiver.

Nous allions, si j'avais tout compris, visiter ce qui, commercialement parlant, nous arrivait juste après. La visite au petit frère en quelque sorte, au second de la classe. La fromagerie possédait une salle d'exposition avec photos anciennes et actuelles, matériel ancestral, écrans tactiles et posters didactiques. En mezzanine. Dessous, protégés de nos miasmes et microbes par une large baie vitrée, s'étalaient les cuves, tuyaux et fromages sous presse, s'activaient des techniciens en blouse bleue et bottes stériles. Une ruche.

Mais une ruche qui pue !

L'odeur, indescriptible. Dès l'entrée dans la salle d'expo, un silence ! Juste perturbé par des tout petits « beurk », « Oh là là », « Pfff ! » ou « Putain l'odeur ! »

L'accompagnatrice avait beau nous expliquer qu'au bout de deux-trois minutes on s'y faisait, que l'on n'y pensait plus, j'avais du mal à imaginer qu'en bas, juste en dessous, se fabriquait mon fromage préféré. Du mal à imaginer qu'un jour je pourrais en remanger. Le vomi d'Amélie, comparativement, me semblait un doux parfum. Et Catherine comme moi :

— Ça me fait penser à notre petite Amélie, lorsque le biberon est mal passé, me chuchota-t-elle dans l'oreille.

Les deux-trois minutes d'accoutumance promises par notre guide devaient être largement écoulées que nous avions tous toujours la même furieuse envie de nous enfuir en courant.

— Plutôt trois heures de ski de fond, me susurra Catherine.

Il n'y avait bien que Frédérique qui arrivait à sourire, à glousser et roucouler, se foutant de l'odeur, du fromage et de l'économie locale comme de son premier baladeur, tout occupée qu'elle était à se faire dévorer des yeux par son lapin géant.

L'amour tout de même !

Nous nous présentâmes mutuellement aux parents de Romuald, en faisant la grimace, j'espère qu'ils ne l'ont pas pris pour eux.

— Jacques, et voici ma femme Catherine.

J'attendais presque de l'autre côté :

— Jeannot lapin, le papa de Buggs Bunny, mais ils s'appelaient bêtement Jean-Michel et Sylvie, étaient charmants et possédaient des oreilles tout à fait normales. Pour des lapins.

Le reste dura quarante-cinq interminables minutes. Trois quarts d'heures durant lesquels nous apprîmes absolument tout des races de vaches sollicitées, de l'altitude des alpages, de la qualité du lait et des bactéries nécessaires, ou non, de la caillette, de la température, de la cuve en cuivre et du soutirage de la cloche, de la presse.

Rien par contre sur l'odeur.

Bref, interminable. Sauf pour Frédérique qui ne vit pas le temps passer.

La guide nous récitait tout cela par cœur, d'une traite (sans jeu de mot). Ces trucs-là, tu y es ou tu n'y es pas. Et tu ne sais pas pourquoi, quelquefois ça te passionnerait presque, tu poses des questions, tu ennuies tout le reste du groupe qui pensait que c'était enfin fini.

— Vous avez des questions ?

Silence total, vide sidéral, tout le monde regarde le bout de ses chaussures et toi, enthousiaste :

— Ben oui, j'aimerais savoir comment…

Et puis d'autres fois, rien que de regarder l'hôtesse tu bailles, tu t'ennuies comme un hamster dans sa cage.

Pourtant la fille, elle faisait de son mieux et surtout elle disait la même chose, à chaque fois. Strictement. Mais voilà, l'être humain est comme cela. Enfin moi, en tout cas.

Toujours est-il que ce soir-là, c'était un jour sans. Catherine avait mis un peu d'animation lorsqu'on nous invita à revêtir la combinaison en plastique bleuté, comme avant de pénétrer en salle d'opération et il fallut quasiment décoller Frédérique de Romuald. À chaque intervention de ma part, Romuald arborait un sourire en coin, ou susurrait à sa belle un « 22, v'là Charlemagne », peu discret qui me mettait en rogne. Il me venait tout à coup des envies de civet, de permis de chasse.

Après le passage dans le sas, nous pûmes enfin (nous en rêvions tous) parcourir presque à notre guise les deux cent cinquante mètres carrés de la « fabrication ». Avec le masque, cela sentait moins mauvais. Par contre, qu'est-ce que l'on pouvait emmerder les quatre types qui travaillaient là ! Avec nos mouvements empruntés de pékins en vacances, nous contrarions sans arrêt leurs courses effrénées pour aller de toute urgence déverser un pot de « quelque chose », un broc de « je ne sais quoi », appuyer sur un interrupteur ou tapoter sur un clavier sous peine de foutre en l'air 2400 litres de lait, frais du matin.

Nous nous penchions tous le long des grosses

cuves de cuisson, occupant l'espace vital et pompant l'oxygène avec nos sempiternelles :

— Et vous vous y faîtes, vous, à l'odeur ?

Ou la non moins répétitive :

— Vous travaillez là toute l'année ? questions auxquelles les employés, briefés par l'office de tourisme, ne répondaient que par des « mmh », des « ben faut bien » ou des « pour sûr », tout en ayant comme seule idée en tête de jeter tout ce petit monde en panoplie para chirurgicale soit dans la cuve, mais cela gâterait le fromage, soit à la porte.

Les pauvres. Pourquoi ne pas nous cantonner dans la mezzanine avec les écrans tactiles, les posters et l'odeur de vomi, plutôt que d'embêter tous ces braves garçons ?

Moi, cela me gênait.

Les autres pas le moins du monde.

Ma Catherine non plus d'ailleurs.

— C'est pour me venger de l'odeur. Ils n'avaient qu'à faire attention, m'avoua-t-elle.

La bonne foi faite femme, ma Catherine.

En fait, la fabrication n'était pas le pire. Question odeur. Le pire, il était à venir, on nous le réservait pour la fin : les « caves d'affinage » !

Impressionnant. Imaginez une bibliothèque Gargantuesque dont chaque rayonnage serait dix fois plus haut et profond que dans une bibliothèque classique, le tout sur douze mètres sur cent.

Ah oui, une autre différence. Lorsque, dans une bibliothèque, on parvient à ce niveau d'odeur, la bibliothèque, on la ferme. Et on la brûle. Ici, tout le long de ces gigantesques étagères, dans cet immense gymnase à fromages, s'empilaient des tonnes et des tonnes de roues de « gruyère des alpages », des 75/165 R14 Tubeless qui puent. Mais à un point ! Même Frédérique et Romuald en avaient terminé avec leurs étreintes et faisaient la grimace.

Cela mis à part, lorsque l'on connaissait le prix du kilo de fromage, le poids d'une roue et que l'on estimait le nombre de roues dans le « gymnase », on se disait que comme banque à attaquer, ça avait de l'avenir. Quoi que pour trimballer, une à une, les roues de fromage qui pue, du guichet jusqu'à la Mercedes qui ronronne devant l'entrée, il fallait en vouloir. Et puis les receleurs… bonjour. Quand à l'antigang, forcément, ils n'auraient aucun mal à trouver les bandits.

Parce que si l'argent n'a pas d'odeur, le fromage, lui… Donc non, le casse du siècle à la Fromagerie des Vallées, oubliez !

Au beau milieu du gymnase, Carole, notre guide, s'arrêta pour nous faire son topo. Le lieu était choisi avec soin, c'était de loin l'endroit où ça sentait le plus mauvais. Je ne pouvais pas croire que c'était dû au hasard.

Soit c'était pour bien montrer à tous ces touristes à quel point ils avaient l'odorat délicat, soit elle était en cheville avec les ouvriers de la fabrication qui, selon le taux d'emmerdements qu'ils avaient eu à subir avec tel ou tel groupe lors de la visite, lui donnaient leurs consignes : « Ceux-là, ils étaient plutôt sympas, discrets, tu leur fais le topo à l'extérieur, à l'air libre. Ou bien : « le groupe là, un peu pénible, topo près de la troisième étagère » ou encore : « Carole, on est tombés sur une bande de lourdingues comme on en a rarement. On compte sur toi : neuvième rangée, et fais durer ! »

Ça devait être nous. Nous étions pile poil à la neuvième rangée et cela durait. Et à la manière dont Carole nous inspectait, un à un, j'étais sûr de ne pas me faire d'idées. Les fourbes !

Personne n'écouta le topo. Elle aurait pu réciter les règles du bridge en breton que ç'eût été tout comme. C'est peut-être d'ailleurs ce qu'elle fit, je ne sais pas, je n'ai pas écouté.

À la fin, avec un sourire pervers, elle demanda :

— Si vous avez des questions, je suis à votre disposition.

Antoine tenta un « Ben… », qu'il laissa en suspension. Il était hors de question de retarder la sortie tant attendue.

Ce fut ma douce Catherine qui, de sa voix de marchande de poisson des jours où elle est en pleine forme, lui coupa net la chique :

— Et bien non, c'est bon, y'a pas de questions ! Il ne nous reste plus qu'à vous laisser rentrer chez vous bien gentiment.

La Carole, ça nous l'a immobilisée, bouche bée, les bras ballants au beau milieu de sa neuvième rangée. Nous, nous étions déjà dehors, à l'air, sauvés ! Elle est forte, ma Catherine. C'est pour ça que je l'aime.

Pour finir, il y eut le premier étage, le « comptoir ». En fait, la boutique où l'on pouvait acheter non seulement le gruyère des alpages, mais également du Beaufort, du

Reblochon, des confitures et même du miel.

Chacun y alla de ses achats. Moi-même, je n'aurais pas craché sur un ou deux kilos de gruyère des alpages, pour finir la semaine, mais Catherine, agacée, en avait décidé tout autrement. Goujatement, sans se soucier de la queue, elle alla s'intercaler entre Thérèse et Antoine et, apostrophant la vendeuse, lui lança :

— Et du qui ne serait pas pourri, vous en aurez quand ?

Satisfaite de son effet, elle quitta la boutique en chantonnant, tête haute, la gamine à moitié endormie (ou intoxiquée) dans les bras, nous laissant Daniel et moi désappointés. Et sans fromage. Puis nous rentrâmes à *Cime 2000*.

Dehors, les flocons avaient atteint la taille de pamplemousses.

Enfin, de petites clémentines.

MERCREDI

Il devait bien y avoir une centaine de chiens qui hurlaient tous à la mort et cela faisait un boucan d'enfer. N'importe qui de sensé aurait pris ses jambes à son cou, demi-tour à toute vitesse pour ne plus jamais revenir.

Nous non. Il y avait toujours (et encore) Thérèse et Antoine qui devaient faire un concours afin de savoir lequel serait le plus blême. Catherine et moi étions hors concours. Trop peur. Et puis Robert, le rondouillard, que les chiens ne regardaient pas de la même façon qu'ils nous regardaient nous. Plus casse-croûte que jouet. Venait enfin Philippe, le prof d'informatique.

La centaine de chiens qui nous terrorisait

était, pour être honnête, solidement attachée. C'était d'ailleurs visiblement pour cela que ça hurlait à qui mieux mieux. Il aurait peut-être juste fallu les détacher pour qu'ils cessent de hurler comme des cinglés. Bon d'accord, nous serions morts de peur ou peut-être déchiquetés, mais au moins en silence.

Ah oui, il y avait également Frédérique et Romuald qui eux, n'avaient pas peur du tout, s'approchaient des chiens un par un, serraient des pattes, embrassaient des museaux, comme un ministre au salon de l'agriculture.

C'est énervant quelquefois les jeunes.

Il y avait Daniel aussi. Il en rêvait depuis des mois, ç'aurait été cruel de ne pas l'emmener. Il n'était pas trop tranquille, mais je pense que c'était surtout de nous sentir, nous, terrorisés.

Sinon, objectivement, à voir comme ça, toutes ces bêtes avaient de bonnes grosses têtes de peluches aux yeux bleus. Tout du moins tant que l'on ne savait pas qu'elles étaient toujours prêtes à s'entre-dévorer juste pour savoir qui était le mâle dominant, le chef de meute. Mais il paraît qu'elles n'auraient jamais fait de mal à un homme.

Tout cela était très bestial tout de même. Même si, en y repensant, Kev et moi, l'autre jour…

Là, pour la journée « chiens de traîneaux », nous avions gagné un Franck. Il allait probablement y avoir beaucoup de soleil parce qu'il portait un chapeau de cow-boy, type « Stetson » à large bord, ceint d'un bandeau sioux orné de perles de couleur. Il arborait également un énorme collier sioux sur sa chemise, canadienne bien évidemment, entrevue par le col de sa veste en peau et à frange, au-dessus d'un pantalon en cuir, cousu par sa femme, sioux elle aussi. Aux pieds, des bottes « grand froid », fabriquées par un ami à lui, inuit d'Alaska.

La totale, la panoplie! Mais même avant d'apprendre de source sûre (et malveillante) que sa femme était originaire de Bécon les Bruyères et son fabricant inuit, nul autre que Le Vieux Campeur, rue des Écoles à Paris, il était trop ce type. Trop tout.

Il avait ce côté ringard des illustrations des années trente pour un roman de Jack London. Même sa barbe, on avait envie de lui tirer dessus, pour voir si c'était du vrai, comme dans Tintin.

Seul Daniel, notre Daniel, était blousé à cent pour cent. L'extase. Pour lui, le Franck, c'était un mélange de Kit Karson, Lucky Luke, Spiderman et Buzz l'Éclair. Le héros, le Tarzan, le grand frère. Franck d'ailleurs l'avait bien compris et s'adressait en priorité aux enfants. Un côté Spirou, Disney. Parce que dès l'âge de Frédérique et Romuald, il était clair que cela ne passait plus du tout, vu leurs sourires. Les chiens, eux, étaient en vrai, et montraient une furieuse envie d'y aller, d'en découdre.

Après nous avoir présentés lui-même, pour commencer, puis dans l'ordre, sa femme sioux et son ami inuit, malheureusement absents, ses colliers et chapeaux sioux, il fit de même pour les chiens. Uniquement des noms sioux, cheyennes, hurons, inuits. Nous n'en retînmes d'ailleurs pas un seul, sauf Yop.

— Ah ouais, comme le yaourt, lança maladroitement Romuald qui remonta d'un cran dans mon estime.

— Non ! Comme le feu en séminole du nord ! rétorqua Franck sans l'ébauche d'un sourire.

Nous n'insistâmes pas. Après tout, c'était lui

qui avait les chiens. Les cent chiens. Et puis, je ne parlais pas le séminole du nord. Pas un mot.

Ensuite, Franck nous expliqua succinctement ce qu'il nous fallait à tout prix savoir pour passer une petite journée sympa avec lui et ses chiens sans se perdre, se renverser ni se faire égorger. Nous fûmes donc tout ouïe.

Nous tentâmes ensuite quelques essais « en salle », comme il disait. C'est-à-dire à l'arrêt, avant de partir pour la grande aventure. Des tests de voix, d'ordres, les trois-quatre directives incontournables, les mesures de sécurité :

— Lorsque deux chiens se battent, n'allez surtout jamais tenter de les séparer, laissez-les s'entre-tuer.

Franck, il devait avoir l'habitude de groupes plus attentionnés, plus sensibles, s'attendre à des réactions, des questions : « Ah oui ? et pourquoi ça ? » ou bien « Oh ben non, les pauvres bêtes, on ne va tout de même pas les laisser s'entre-dévorer… ». Ce genre de choses.

Mais là, non. Rien. Moi, j'ai juste failli dire « faudrait être con », mais je n'ai pas osé.

Le problème, avec nos tests « en salle », c'est qu'il les a fait faire aux deux qui semblaient le plus intéressés (hormis Daniel), c'est-à-dire Frédérique et Romuald qui, je l'ai déjà mentionné, avaient une approche particulièrement fine des animaux. Et réciproquement.

Tout nous parut alors d'une facilité enfantine. Limpide. Les chiens obéissaient au doigt et à l'œil, même à la petite voix fluette et intimidée de notre fille. Ils avaient pour elle des regards à rendre jaloux le premier Romuald venu. Ils ronronnaient comme une chatte sur un radiateur à la première caresse, au premier compliment. Vraiment facile.

Nous partîmes donc confiants, et nous eûmes tort.

Pour démarrer, il fallait dire « mush, mush ! », et ça partait. Ça devait partir. Catherine crut durant toute la matinée qu'il fallait dire « moche ! » Et le soir, au cours de la soirée diapos (pour clore en beauté notre journée « Grand Nord », Franck nous présenta son diaporama sur l'Alaska), vu que je n'avais que cela à faire, je m'imaginais ma Catherine qui, pendant trois heures, avait encouragé son attelage en les traitant de « moches ».

Des fois je l'aime bien ma Catherine !

Il n'empêche, cela avait marché.

Enfin, « marché » couru plutôt. Je ne sais pas s'il y avait un chien dans l'attelage qui comprenait le français, s'il fut vexé d'être traité de moche, toujours est-il que l'ensemble partit d'un bond, comme un dragster, et qu'il était heureux que ma femme soit cramponnée, à je ne sais trop quoi d'ailleurs, sinon, une fois de plus…

Les miens par contre, ne devaient comprendre ni le français, ni l'anglais. Pas mon anglais en tout cas. Je n'avais pourtant pas le pire des accents. Par exemple avec le « petit Robert », comme nous l'appelions dorénavant, originaire de Tarbes, cela avait tendance à faire : « Meucheu, meucheu ! ». Tout juste s'il ne rajoutait pas « putain cong ! ». Et bien cela marchait quand même. Peut-être pas comme Catherine, mais cela marchait.

Moi, rien !

Une envie soudaine de descendre du bazar pour aller leur botter le cul, je ne vous dis pas. Si seulement ils avaient eu des muselières ! Parce que sans, je ne me serais pas risqué à aller les houspiller, les pauvres bêtes.

Toute la petite bande était déjà bien loin que

je n'avais pas bougé d'un poil de husky et que cela commençait à bien ricaner tout autour de moi. Un peu l'attraction de la matinée sur l'esplanade du Mont-Blanc. Cela devenait une habitude. Heureusement, attifé comme je l'étais, même ma mère ne m'aurait pas reconnu. Alors le vacancier moyen...

Sauf un. Comment fit-il ? Le fruit du hasard ? Un amoureux des bons mots ? Un grand escogriffe en tout cas. Il passa rapidement près de moi qui m'escrimais à invectiver mes six « malamutes » et, sans me regarder, me susurra :

— Arrête ton char... lemagne.

Je me retournai, il n'était plus là. L'avais-je rêvé ? Cauchemardé ? Je ne le sus jamais. C'était Lucifer, ce type.

Au bout de dix bonnes minutes à passer pour un clown (j'aurais voulu les y voir tous ces bronzés en salopette), Franck revint à mon secours :

— Ben alors, Blek le Roc, tu fais quoi ?

Charlemagne, Blek le Roc... ils commençaient à me gonfler sérieux dans la station.

— Ben, j'essaie juste de faire avancer vos putains de chiens !

J'étais en colère. Dans la foule, un admirateur,

également fin humoriste, cria :

— Il a mis d'l'essence ?

Et tout le monde d'éclater de rire.

Franck s'est garé à côté de moi, m'a juste dit « accroche-toi », a fait un petit claquement avec sa langue et l'attelage est parti au galop.

Moi, j'aurais toujours pu claquer ma langue dans tous les sens.

Plus tard, il m'a avoué :

— C'est un truc sioux.

J'aurais dû m'en douter. Il n'empêche, il n'avait pas dit « mush ! ». Je suis sûr que ces chiens-là ne parlaient pas anglais.

Ou étaient sourds-muets.

Le but de la journée consistait à monter sur le plateau par les pistes spécialement ouvertes pour les attelages, plus ou moins dans la forêt, et, une fois là-haut, à parcourir les immenses étendues jusqu'au Col Vert. Le retour s'effectuait par le même itinéraire.

Mais dans l'autre sens. OK ?

Pour moi, ce fut l'enfer. Heureusement que c'était Catherine qui avait pris Daniel avec elle. Assis juste devant sa mère, les jambes au chaud sous une peau de caribou (tout juste tannée, nous avait dit Franck que personne n'avait cru), il était devenu trappeur dans le Yukon, le doigt sur la gâchette d'une carabine « Springfield » virtuelle, au cas ou un fort parti Huron nous aurait tendu une embuscade.

Il n'aurait plus manqué que ça.

Par chance, nous ne vîmes aucun « fort parti ». Ni Huron, ni quoi que ce soit. Ouf, nos scalps avaient eu chaud.

Mais pour en revenir à mon attelage, il y avait maldonne. Ces chiens n'étaient en aucun cas fait pour tirer un traîneau dans la neige. D'ailleurs, je pensais que ces chiens n'étaient pas faits pour tirer quoi que ce soit, ni dans la neige, ni ailleurs. Deux caniches nains eussent aussi bien fait l'affaire. Alors on me mettait en queue, pensant que mon attelage suivrait le mouvement, serait entraîné. Résultat : les chiens ne bougeaient pas, se couchaient voluptueusement dans la neige, les yeux mi-clos de bien-être. On aurait pu croire, si nous n'avions eu quelques notions de biologie animale, qu'ils ruminaient.

Ou bien on me mettait en tête, pensant les motiver, fouetter leur ego, leur orgueil, et ils se poussaient d'eux-mêmes sur le côté, humblement, la tête basse et la queue entre les jambes : « je vous en prie, passez donc, faîtes comme si nous n'étions pas là ». Un fléau !

Franck, cela le faisait plutôt rigoler.

— C'est incroyable, m'affirmait-il, c'est la première fois, ils ne font jamais ça !

Je ne savais pas si je devais le croire. Peut-être avait-il un attelage dans lequel il rassemblait toutes les bêtes névrosées, incapables, timides, caractérielles, feignantes, nulles.

Ou qui n'aimaient pas la neige.

Mais cela m'étonnait. Ce n'était pas une bonne pub pour son chenil, son entreprise, un attelage comme cela.

À part ça, les chiens m'aimaient bien. À chaque fois que je descendais du traîneau pour donner libre cours à ma colère, à mon agressivité, ils venaient vers moi avec des jappements de contentement, me léchaient les mains en donnant de petits coups de museau. Pour bien me faire part de leur satisfaction à se trouver là, avec moi. Que voulez-vous dire ?

Alors je remontais sur mon engin, un rien dépité, résigné et c'était reparti. Enfin non, justement, ce n'était pas reparti. Pas du tout.

Et c'était bien là mon problème.

J'arrivai vers midi et demi sur le lieu de pique-nique, au beau milieu des sapins, face au Mont-Blanc. Quand je dis « j'arrivai », c'est un peu prétentieux. C'est plutôt Franck qui m'amena sur le lieu de pique-nique. Moi, bêtement dressé sur les patins, mon attelage renâclant comme un troupeau de vieilles mules récalcitrantes et Franck, arc-bouté dans la neige, tirant sur les longes comme un forcené, écarlate, le chapeau sioux de travers, avec force claquements de langue.

La gloire quoi !

Les autres, cela devait bien faire une heure, une heure trente qu'ils étaient arrivés. Je le sentais à l'ambiance générale, à une euphorie qui n'avait rien à voir avec l'altitude ou l'excitation de se trouver tout immergé d'un coup dans un vieux rêve de gosse, mais plutôt aux quarante degrés du Canadian Bourbon dont je devinais la bouteille à moitié vide à côté du feu.

Ah oui, parce qu'il y avait un feu.

— On f'ra un feu d'bois, nous avait prévenus Franck.

Personnellement, et vu l'endroit, je ne voyais

pas bien de quoi d'autre il aurait pu être, le feu, sinon « de bois ». J'appris de plus, par la suite et surtout par Daniel que ce ne fut pas facile, facile de le faire démarrer ce feu, et que sans Antoine (oui, oui), les saucisses Montbéliard, nous les aurions mangées crues.

Là par contre, lorsque nous nous décidâmes à arriver, mon attelage et moi, les saucisses l'étaient, cuites.

Trop d'ailleurs. Et froides.

Par compassion, peur des représailles ou absence totale d'intérêt, personne ne me fit la moindre réflexion sur mon retard ou la qualité de mon attelage. Sauf Daniel :

— Ben papa ? commença-t-il.

J'entendis juste Catherine, apeurée, lui expliquer gentiment :

— Laisse mon chéri, papa est fatigué.

Je l'étais.

Et ce n'était pas fini. Lorsque j'arrivai enfin sur le lieu du « feu de bois », tous les autres étaient prêts à faire demi-tour. Au bout d'une heure et demi, on peut le comprendre. J'étais donc reparti illico presto, ma Montbéliard coincée en bouche comme un Havane, sur mon traîneau avec mon attelage dont, de toute façon, je n'attendais plus rien. La bouche pleine, les « mush, mush! » donnaient « oumph, oumph! » mais ce n'était pas très grave. « Mush » ou « oumph », mes malamutes n'en avançaient pas plus. Alors, autant dire ce qui me faisait plaisir, à moi. Et « oumph », ma foi...

Il faisait très beau ce mercredi et, à l'abri du vent, plutôt chaud en plein soleil. Heureusement. Cela permettait à tout le reste du groupe de faire de longues pauses « bronzette » sur le plateau en m'attendant. En fait, tout ce petit monde cuvait pas mal. Seul Daniel qui avait miraculeusement échappé au Bourbon courait comme un cabri autour des attelages à la poursuite des derniers Hurons qu'il n'avait pas réussi à descendre tout à l'heure. Il finissait le travail en quelque sorte.

Quand à Frédérique et Romuald, pour de tout autres raisons, ils ne voyaient pas non plus le temps passer. Et n'avaient pas le moindre petit début de pitié pour moi, qui pédalais dans la neige fondue en m'égosillant, loin, très loin, tout là-bas, au fond.

En fin de journée, la température comme les attelages redescendirent. Franck avait réussi à faire monter un « musher » de ses amis pour s'occuper exclusivement de moi. Cela lui laissait toute liberté pour le reste du groupe qui devait commencer à me trouver un peu lourdingue, moi et mes malamutes caractériels. Même ma famille toute proche, à savoir ma femme et deux de mes enfants, me lançaient des œillades signifiant clairement : « papa fais quelque chose, je t'en supplie ! », comme si j'y étais pour quoi que ce soit.

L'arrivée de Bob, le musher de secours, me satisfaisait au plus haut point. Hormis le fait que c'était dorénavant lui qui allait s'escrimer à faire avancer ma bande de feignants tandis que je resterais tranquillement debout à l'arrière, je comptais bien sur son arrivée pour vérifier la nullité de mes chiens. Qu'enfin, un professionnel confirme que je n'y étais pour rien, et les chiens pour tout. Il le dit à Franck, visiblement propriétaire de l'attelage, en termes peu délicats :

— Ben dis donc Franckie, c'est quoi ces branlus ? Tu leur as filé des croquettes au yaourt ou quoi ?

Frankie, il fit :

— Non non, j'comprends pas, en me regardant méchamment.

Il devait penser que je leur avais jeté un sort, que j'étais ami intime de son plus proche concurrent, passant mes soirées à *Cime 2000* entre cous de poulet et bave de crapauds à planter des aiguilles dans des peluches de malamutes. Mais pour le groupe, et surtout pour Catherine et les enfants, j'étais relaxé. D'autant qu'eux, ils savaient bien où je les passais, mes soirées !

Seul Romuald avait retrouvé son rictus exaspérant. Ce type-là avait peu de chances de devenir mon gendre.

Je finis cette journée mémorable exténué. D'avoir couru après mon traîneau pour entraîner les chiens, de les avoir tancés, grondés, menacés, engueulés, tractés.

Catherine s'était « éclatée comme une bête ! », selon ses propres termes. Frédérique voulait faire vétérinaire au Canada après le Bac et Daniel racontait avec force gestes comment il nous avait sortis des embuscades et des griffes des guerriers Hurons, à sa petite sœur qui le regardait la bouche ronde et les yeux grands ouverts, et à la baby-sitter, un peu inquiète de devoir s'occuper de notre Davy Crockett survitaminé durant les deux bonnes heures de notre soirée diapo.

Frédérique déclara forfait et le négocia avec classe. Elle irait donc karaoker avec son Romuald jusqu'à vingt-trois heures. Daniel et Amélie allaient user une énième baby-sitter. Quant à Catherine et moi, nous n'avions pas le choix.

Une soirée diapo intéressante lorsqu'on est en pleine forme, est déjà difficile à supporter. Mais quand on est exténué et que c'est emmerdant au possible, cela dépasse l'entendement. Le « fondu enchaîné » ne fonctionnant pas, les mille deux cents diapositives passèrent au rythme des « schlick, schlack » du projecteur, c'est-à-dire très lentement. Franck avait vécu de longues années dans le Grand Nord Canadien, de très très longues années, d'où il ramenait ces si merveilleuses images. Même si cela avait été vrai et que sa femme fût une vraie Sioux, de toute façon, je ne me serais pas permis de critiquer, m'étant endormi tout de suite. Au troisième « schlick schlack », j'en eus assez. Lorsque, de temps à autre, j'émergeais de ma torpeur, j'y retombais serein et détendu, en entendant le concert de ronflements dans la salle. La seule fois où je me réveillai pour de bon, ce fut en entendant

Franck commenter des clichés d'attelage « malamutes » et encenser ces bêtes courageuses, ne rechignant jamais à donner le meilleur d'elles-mêmes pour tirer le traîneau. En déclamant tout cela, Franck devait me surveiller du coin de l'œil, veiller à ce que je dorme à poings fermés, comme un bébé.

Nous apprîmes le jour de notre départ que Franck n'avait jamais mis les pieds ni dans le Yukon ni plus au nord que les Monts du Lyonnais. Mythomane pathologique, il s'était, depuis sa découverte des chiens de traîneau, inventé toute une histoire, une seconde vie, à grands coups de femme sioux et d'hivers passés à « trapper » dans le Grand Nord en compagnie de féroces grizzlis.

Dieu merci, pour lui tout du moins, nous ne savions pas tout cela le soir des diapos. C'eut été, était-ce possible, pire.

Catherine, en sortant de la salle polyvalente, me confia dans l'oreille :

— Je ne savais pas qu'on pouvait s'emmerder à ce point.

À l'appartement, nous trouvâmes notre baby-sitter écroulée, la bouche ouverte devant la télé allumée, le zappeur en main, dans un sommeil qui devait s'approcher du coma, que tous les néons allumés d'un seul coup, toujours délicatement, par ma femme, ne réveillèrent point.

Daniel et Amélie dormaient également, un franc sourire aux lèvres, satisfaits.

L'état du logement ne laissait aucun doute sur l'ampleur des hostilités. La soirée avait dû être chaude pour la baby-sitter. Lorsque, à force de la secouer à lui déboîter les cervicales en susurrant des « mais elle va se réveiller oui ou merde ? », Catherine parvint à lui faire ouvrir un œil, la pauvre fille se leva d'un bond et courut vers la porte. Il fallut que je la rattrape dans le couloir pour la régler (largement d'ailleurs, cela tombait sous le sens), avant qu'elle ne s'enfuît, des fois que les deux monstres ne se réveillent, ne ressurgissent.

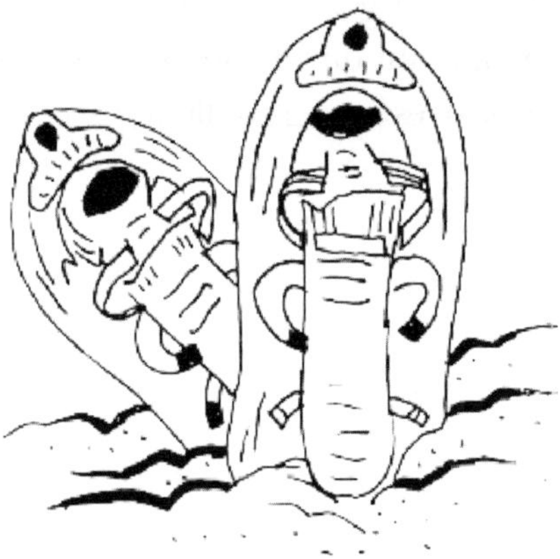

JEUDI

Ce matin il pleut. L'activité c'est « raquettes », mais il pleut quand même. Comme nous partons du principe que « puisqu'on a payé, on y va », nous y allons.

Même s'il pleut.

— Vous avez déjà marché avec des raquettes ? L'accompagnateur à l'air tout aussi ravi que nous d'aller se balader dans la soupe sous les trombes d'eau. De notre groupe, seuls Thérèse et Antoine ont dû penser comme nous (« puisqu'on a payé... »), les autres se disant plus intelligemment sans doute qu'il fallait mieux payer en bonne santé qu'être malade gratuitement.

Quelque chose comme ça.

Moi, j'étais un peu déçu. Les raquettes, je voyais cela comme dans les films, des espèces de grands tamis en bois de hêtre et boyaux de je-ne-sais-quoi, permettant de ne pas trop s'enfoncer dans les neiges pulvérulentes du Grand Nord (encore lui !) et de marcher avec l'élégance d'un manchot empereur, à vous filer des courbatures aux adducteurs pour le restant de vos jours.

Mais là, non. Juste deux espèces de bouts de plastique fluo, avec de solides crampons dessous et une vraie fixation dessus. Le charme d'antan et la poésie, basta ! Par contre au niveau de l'efficacité : « le top du top ! ». C'est du moins ce que nous enseigna Jean-Patrick, accompagnateur en montagne rêvant d'être au sec chez lui.

Au début, le « top du top » ne me parut pas trop évident. Nous longions effectivement les pistes de fond sur un « itinéraire raquettes » avec tout un tas de clampins de notre espèce, reconnaissables à leur allure (ou manque d'allure) caractéristique.

De manchots empereurs.

Afin de satisfaire un besoin, je posai le sac à dos et ôtai mes deux raquettes pour aller faire mon rond jaune dans la neige en bordure de la piste « raquettes ». Or, quelle ne fut pas ma surprise en réalisant que, sans les raquettes, je ne m'enfonçais pas le moins du monde sur la neige damée. Je repartis donc rejoindre mon groupe, les raquettes à la main et là, je sentis bien que l'accompagnateur n'était pas réjoui de me voir arriver de la sorte. Je lui cassais un peu sa cabane au Jean-Patrick.

J'en rajoutai :

— Eh, enlevez vos machins, vous allez voir comme on marche mieux !

Et Catherine, Thérèse et Antoine d'ôter leurs raquettes et de marcher à côté de Jean-Patrick, seul dorénavant avec ses raquettes aux pieds et bien évidemment conscient de leur totale inutilité et du grotesque de la situation.

— Très rapidement nous quitterons la piste pour nous enfoncer dans la « fraîche » et là, ce ne sera plus damé, tenta de se justifier notre guide.

— Bon ben d'ici là, on va marcher sans prothèses quand même, fit Catherine.

Nous doublâmes alors nombre de patients équipés en leur faisant de larges sourires. Les indépendants, dès notre passage, déchaussaient.

Les autres, ceux qui, comme nous, étaient accompagnés par un professionnel, hésitaient, par politesse et respect, choses qui nous avaient fait totalement défaut avec le nôtre. Mais au bout d'un moment plus ou moins long, tous déchaussaient tout de même. Nous étions tellement mieux comme cela, sans les raquettes.

À se demander à quoi elles servaient, à part à les louer.

Nous étions mauvaises langues. Sitôt quitté l'« itinéraire raquettes », cela s'enfonçait terriblement. Alors nous rechaussâmes. Mais la neige, à cause de la pluie tombant sans interruption depuis le matin, devenue soupe, retenait la raquette à chaque pas comme une boue glaiseuse et détrempée.

Notre accompagnateur nous expliqua que, sans cette pluie diluvienne (« vous n'avez pas de chance, il ne pleut jamais à cette saison »), nous pourrions nous arrêter longuement afin d'observer nombre d'empreintes d'animaux sauvages ainsi que leurs dégâts causés aux végétaux. Mais là…

Je fis remarquer à Catherine que pluie diluvienne ou non, je préférais voir les animaux sauvages en vrai plutôt que leurs empreintes.

Ou, à défaut, les manger en pâté.

Catherine me fit : « Chut, c'est intéressant », ce dont elle ne croyait pas un traître mot.

Si la météo eût été tout autre, Jean-Patrick nous aurait fait observer les différentes couches de neige afin de prévoir au mieux les avalanches.

Là, comme c'était plat, nous n'étions pas trop inquiets. Et donc pas trop intéressés.

Une fois de plus, me direz-vous.

Jean-Patrick aurait été également très content de nous faire découvrir tous les secrets de la forêt de montagne l'hiver, les dizaines de preuves de la formidable adaptation de la nature aux conditions hivernales.

Le pauvre. Il aurait tant voulu nous faire plaisir. Nous apprendre tout un tas de jolies choses que nous n'aurions d'ailleurs pas retenues. Mais voilà. Une saloperie de météo transformait la neige en boue et des Parisiens trop curieux découvraient que les « itinéraires raquettes » n'étaient qu'un attrape-couillon pour touristes de plus.

Tout tournait mal, trop mal. Vivement l'été !

— La semaine prochaine, nous disait Jean-Patrick, ça va être super, il va en retomber un max, des conditions idéales pour la raquette.

— Le problème, lui répondit Catherine, c'est que moi, la semaine prochaine, je serai à la Défense, au trente-deuxième, derrière mon écran. Alors la raquette… !

Là, elle n'avait pas tort, Catherine.

La journée « raquettes » se termina donc bien plus tôt que prévu, tous trempés jusqu'au slip que nous étions, tous plus contents les uns que les autres d'aller nous changer et prendre un bon bain chaud. Ah non, pas de bain puisqu'il n'y avait pas de baignoire.

La peau des doigts des pieds et des mains était toute fripée, comme de la tôle ondulée. Du coup, les ampoules s'en étaient données à cœur joie pour s'installer confortablement sous ces peaux de bébés, grossir, gonfler pour finalement s'éclater comme des bêtes dans les chaussettes, en un savant mélange de liquide lymphatique et de fils de laine. En ôtant les chaussettes, tout cela explosait en saignant et s'infectait sur le champ, au mépris des plus élémentaires règles bactériologiques.

Le soir, dans notre « grand deux-pièces », nous marchions toujours Catherine et moi comme des pingouins, mais là, ce n'était plus la faute aux raquettes, mais aux ampoules.

Je me disais très fort ce soir-là que les vacances d'hiver « pluri-actives », c'était bien la dernière fois. La prochaine fois, si prochaine fois il y avait, nous ferions tout comme tout le monde, au lieu de tenter par tous les moyens de nous distinguer. La prochaine fois : ski, ski et encore ski. De descente. Et trois pièces-cuisine. Et location de matériel sur place. Et point de roof-container, d'apéro durant le trajet, de karaoké, de Charlemagne, de chiens de traîneaux caractériels ni de Blek le Roc.

La prochaine fois, ce seraient des vacances aux sports d'hiver.

Des vacances.

À la limite, les sports…

Et même, l'hiver…

Dehors, il pleut toujours, et de plus en plus fort. L'activité, demain, pourrait bien être « escargot » !

VENDREDI

Ce vendredi ne fut vraiment pas un bon jour et venait confirmer l'idée quelque peu négative que nous nous étions faite de notre semaine, Catherine et moi.

Tout commença par le vol des quatre roues de l'*Espace*.

En soi, ce n'était qu'un vol de roues, rien de réellement bouleversant. Je crois que ce fut plutôt un phénomène d'accumulation. L'envie d'envoyer un mail à la puissance céleste qui gère tout cela pour lui dire : « Oh, c'est bon, un peu aux autres ! »

C'était vrai. Les autres, autour de nous, ceux du groupe, les voisins de palier, il ne leur arrivait strictement rien.

À nous, il arrivait strictement tout.

C'est Daniel, en sortant de l'immeuble, qui nous mit la puce à l'oreille :

— Elles ont quoi les roues de notre voiture ?

Et nous y regardâmes de plus près. Ce qui lui avait semblé bizarre, à notre Daniel, c'était que justement, des roues, il n'y en avait plus. En lieu et place, bien alignés, quatre parpaings grisâtres et poreux, tristes comme un dimanche soir. Du travail propre et soigné, pas la moindre rayure.

Du moins aux parpaings.

Les gens, alentour, passaient avec un petit sourire malicieux, les sourcils relevés, comme pour dire : « alors, voyons voir ce qu'ils nous ont encore inventé les Bottin aujourd'hui ».

Mais moi, ce qui m'a vraiment énervé, c'est le fou rire des filles, Catherine et Frédérique. Il y en a une qui a pouffé, d'un coup, l'autre a suivi, et ensuite elles ne pouvaient plus s'arrêter.

Je pestai :

— Mais enfin, arrêtez ça, ce n'est vraiment pas drôle !

— Mais c'est ta tête papa, répondit Frédérique, si tu voyais ta tête, on dirait que tu viens d'enterrer maman.

— Pas sûr qu'il paraîtrait si affligé, s'étrangla de rire Catherine.

— Ouais ben là, ce sont mes quatre roues que je viens d'enterrer. Mes quatre roues équipées de pneus neige hors de prix. La moitié de ma paye de janvier que je viens d'enterrer…

J'étais hors de moi.

Et cela ne limitait en rien leur fou rire.

Alors je passai mes nerfs sur Daniel. Il m'agaçait aussi, celui-là, à me demander pourquoi on ne pouvait pas rouler comme ça.

— Eh, Daniel il n'y est pour rien, ce n'est pas lui qui a volé nos roues tout de même !

— Mais je ne sais pas qui a volé nos roues ! Et pourtant elles ne sont plus là. Envolées nos roues. Pffft ! Et il faudrait que je me calme ? Alors un conseil, cessez de me poser des questions stupides !

Sûr que Daniel, aujourd'hui, le jardin d'enfants, il allait encore plus l'adorer que les autres jours.

Il fallut avant notre cours trouver un garagiste sur Moutiers, Bourg Saint Maurice ou Albertville. Le premier, je lui raccrochai au nez, tant il avait eu du mal à ne pas rigoler au récit de mon histoire.

Les trois suivants, s'ils ne ricanaient pas, nous annonçaient des prix de dépannage qui devaient inclure l'achat de la voiture, neuve, avec. Peut-être même aussi de la dépanneuse.

Je raccrochai également.

Au cinquième, tout collait. Il allait monter à la station avec les quatre roues et nous changer tout cela sur place, ce qui nous évitait un aller-retour prohibitif, en dépanneuse. Frédérique, qui s'était octroyée une journée « tout Romuald » en lieu et place du ski, s'était donc proposée pour réceptionner le garagiste. Elle aurait ensuite la lourde tache de remplir le chèque, laissé en blanc. Les vacances commençaient à nous coûter la peau des fesses. Au téléphone, le garagiste avait été assez vague. Mais la fourchette de prix, avec les quatre pneus, les quatre roues et tout le tintouin, sans compter la main-d'œuvre, ce n'était pas la moitié de ma paye de janvier, mais sa totalité. Et celle de Catherine en plus.

Avec les allocs !

Dieu merci, il n'avait plus de pneus neige. Enfin dieu merci, il fallait voir. Financièrement, cela ressemblait à un cadeau. Par contre, s'il neigeait toute la nuit, la descente sur Moutiers... !

Nous, nous avions ski de piste aujourd'hui. Et Kev. Kev, j'étais drôlement content de le retrouver. Et ma femme aussi.

Mais pour ma femme, c'était vrai.

Kevin, je l'ai trouvé encore plus con que quatre jours avant. C'est dire. Non que je me sois attendu à des miracles, la nature ne peut pas d'un coup, comme cela en quatre jours, compenser un vide sidéral, remplir le néant, mais là, tout de même !

Catherine du coup, ne voyait plus les muscles, le bronzage. La connerie avait pris le dessus. Celle de Kevin, je m'entends. Mais lui ne réalisait pas qu'aux yeux de Catherine, il avait basculé, qu'il était passé de l'autre côté.

Il en devenait pitoyable.

Sitôt que nous fûmes dans la benne du téléphérique, histoire de détendre l'atmosphère, il nous raconta la dernière blague de Guy Montagné, qu'il avait dû entendre aux *Grosses têtes*. Je n'ai pas réussi à l'écouter jusqu'au bout et cela ne venait pas uniquement du degré de bêtise de l'histoire, mais également, et surtout, de ma peur phénoménale du téléphérique.

Le seul moment que j'apprécie dans le téléphérique c'est, un peu comme pour le ski de fond, quand ça s'arrête. Enfin, plutôt lorsqu'on en descend, blême d'ailleurs. Tout ce qu'il peut y avoir avant, je ne l'apprécie pas. Du tout, du tout. Et visiblement, je n'étais pas le seul. J'étais peut-être le plus livide, mais je voyais bien que le reste de la tribu parlait un peu fort et rigolait bizarrement.

Il faut dire que le cabinier nous avait annoncé un « fort vent en altitude ». C'est-à-dire là où nous allions. Une fois de plus, je ne pouvais m'empêcher de rapprocher tout un tas de situations de nos vacances à *Cime 2000* à notre vie professionnelle dans la capitale. Là encore, le « Tuuut » annonçant le départ de la benne, suivi immédiatement du claquement sec des portes ne pouvait que me faire penser à la ligne sept du métro au moment du départ. Mais juste à ce moment-là. Pour après, j'ai tout de même beaucoup moins peur dans le métro.

Dieu merci.

Sinon, ça ressemble. On n'a pas le droit de parler au cabinier ni d'ouvrir les portes avant d'y avoir été invité etc, etc… Pour ce qui me concernait, je n'avais pas la moindre envie d'aller les ouvrir, les portes. De toute façon, j'étais incrusté dans les montants de la cabine, le plus loin possible d'elles, des fois qu'avec le vent, celles-ci ne s'ouvrent brutalement, laissant la benne déverser son lot de skieurs quatre-vingts mètres plus bas. Comme dans « Quand les aigles attaquent ». Sauf que là, Clint Eastwood, il l'avait bien cherché. Alors que moi, non.

Et puis le cabinier nous avait même prévenus de faire attention à nos arrières, rapport aux nombreux pickpockets sévissant sur la station. C'était sympa. Non content de vivre la peur du siècle qui nous attaquait les tripes depuis que nous avions dépassé le premier pylône (dans un grand « Ahhhh ! ») et que nous commencions à sentir les effets du « fort vent en altitude », nous devions de plus nous méfier des pickpockets, surveiller nos sacs à dos, nos bonnets, nos moufles et nos forfaits.

Comme sur la ligne sept. Avec toutefois le « fort vent en altitude » en plus.

Le second pylône était le pire. Tout le monde savait cela. Du moins tout le monde à *Cime 2000*. Alors on s'y préparait. On pliait les jambes, on riait plus fort, on parlait d'autres choses et on regardait ailleurs.

Ailleurs qu'en bas. Loin en bas !

Moi, ce n'était pas les jambes que j'avais de pliées. C'était tout mon corps. Tout mon moi qui l'était. J'étais en deux, en quatre, en mille, j'étais recroquevillé, enchiffonné.

J'étais en vrac.

Prêt pour le deuxième pylône.

Et puis la cabine a fait un drôle de bruit. Comme mon ordinateur lorsqu'il s'éteint. Sauf que lorsqu'il s'éteint, mon ordinateur, il ne se met pas à se balancer d'avant en arrière comme les bateaux de fêtes foraines. Alors que là, si.

Oh mon dieu !

Le cabinier, il a dit : « surtout ne vous inquiétez pas ». Donc forcément, nous nous sommes tous inquiétés. Enfin, les autres je ne sais pas mais moi, oui. Inquiet n'est pas tout à fait le terme adéquat. Terrorisé conviendrait beaucoup mieux.

Avec le vent « fort en altitude ! », les autorités

compétentes avaient préféré faire stopper la cabine avant le pylône. « Des fois qu'on se décroche au passage de celui-ci », nous expliqua le cabinier pour nous rassurer.

Lorsque la cabine se stabilisa d'avant en arrière, avec le vent elle se mit à se balancer de gauche à droite. Ça changeait.

Pour la chute à venir, par contre, cela ne changeait pas grand-chose. J'y avais bien réfléchi. Qu'elle se balance d'avant en arrière ou de gauche à droite, la cabine s'écraserait peu ou prou de la même façon et au même endroit.

C'est-à-dire lamentablement, et en bas.

Mais nous ne nous écrasâmes pas.

Au bout de quinze minutes nous repartîmes, tout en nous balançant. Ils avaient dû se dire qu'à force de se balancer, on allait bien réussir à faire le tour du câble. Et cela ne devait pas être prévu. Alors, ils nous ont fait repartir.

Ce qui était grandement rassurant, c'était le teint du cabinier. Vert émeraude, il était. Il appuyait là où on lui disait d'appuyer, faisait là où on lui disait de faire. Simplement, il grommelait « Putain, on va crever, là, c'est sûr ! »

Et puis non.

Nous arrivâmes au bout d'un temps qui nous sembla avoisiner les trois mille ans, au terme de notre ascension. Lorsque la cabine s'est enfin immobilisée, qu'elle a fait « tuuut ! » et que les portes se sont ouvertes, il y eut comme un grand blanc. Pas un mot, pas un bruit. Même Kevin la fermait. Seul le cabinier s'était adapté à la situation et grommelait maintenant : « putain, on a eu du pot ! »

Et puis tout le monde s'est précipité dehors, des fois que ça reparte ! Sauf moi. J'aurais bien été incapable de me précipiter. Déjà me relever frisait l'exploit. Je me demandais même si je n'avais pas fait sous moi. Mais non.

Tout le monde chaussa et descendit sagement derrière un Kevin muet comme une carpe. Avant le départ, il nous avait bien expliqué l'intérêt de descendre au plus vite pour pouvoir se régaler d'une deuxième montée.

En téléphérique !

Alors, on ne se pressait pas trop. On appréciait chaque bosse, chaque « prise de carre », chaque « planté de bâton ». Si cela avait été nécessaire, nous aurions même pris le temps de compter les cristaux, les aiguilles des sapins.

Tout plutôt que de remonter dans le téléphérique ! Du coup la journée se passa plutôt bien, détendue, même avec Kevin, même avec Thérèse, Antoine et le « fort vent en altitude ». Nous rigolions des âneries de Kevin.

À gorge déployée même.

Ce qui vous donne une idée de l'état de décompression. Tellement contents d'être vivants. Alors ça se fêtait.

Et puis Catherine ne voulait pas quitter la station avant de s'être offert une fondue.

— Il n'en est pas question, disait-elle.

Je m'étonnais une fois de plus de ses réactions. Nous venions tout de même de nous faire voler les quatre roues de la voiture et le remplacement de celles-ci allait nous coûter plus cher que la semaine à *Cime 2000*. J'étais de plus persuadé que nous avions, deux heures auparavant, échappé à une mort aussi violente que certaine, et Catherine pensait qu'il n'était « pas question » de partir d'ici sans avoir mangé deux, trois bouts de pain rassis trempés dans du fromage fondu.

— Allez, détends-toi mon Jacquou, me disait-elle.

La « soirée fondue » au restaurant se passa

comme toutes les « soirées fondue » au restaurant avec deux enfants en bas âge. Plutôt mal.

Nous n'avions pu trouver de baby-sitter pour ce soir. À notre avis, celle de l'autre soir avait dû prévenir toutes ses copines : « surtout n'y allez pas ! » Si nous revenions un jour à *Cime 2000*, il nous faudrait nous inscrire sous un faux nom. Et pas uniquement pour les baby-sitters.

Comme dans toutes les fondues, les trois premières bouchées furent délicieuses, toutes les autres de trop. Les morceaux de pain étaient trop frais et trois bouchées sur quatre restaient à flotter dans le mélange vin blanc fromage. La table étant trop petite, les verres de vin blanc serraient le caquelon au plus près, et l'Apremont s'en trouvait tiédasse.

Bien évidemment, Frédérique fit la tête à Romuald (que nous avions eu la délicatesse d'inviter pour lui faire plaisir), toute la soirée.

Quant à moi, qui n'arrêtais pas de perdre mon pain dans la fondue, je me retrouvais jusqu'au restant de mes jours, avec des gages comptabilisés par Catherine. Elle les inventait à chaque bouchée, en me lançant des œillades langoureuses, et les énonçait de plus en plus fort, à mesure que se vidaient les verres d'Apremont tiédasse. La serveuse avait réussi deux heures durant à éviter Daniel et ses dinosaures, qui fonçait tête baissée d'un rang à l'autre en imitant le cri du T-Rex en colère. Elle ne put, par contre, éviter Amélie qui, à la recherche d'un hypothétique Play-mobil, lui passa en catimini, à quatre pattes, entre les jambes, au moment où elle arrivait à la table dix, avec trois salades savoyardes, une pizza quatre fromages et une bouteille de Gamay de Chautagne.

Nous n'avions pu empêcher Catherine de rire alors que la serveuse, un peu agacée du manque total de responsabilité de certains parents, ramassait ses lardons sur le carrelage.

Nous allions le payer cher : trente-trois minutes avant de pouvoir commander les desserts, et quarante minutes pour se les faire servir ! Comme nous sentions bien qu'il allait en être de même pour l'addition, Catherine se leva bruyamment et intima, tout fort, l'ordre aux enfants de se préparer. Il était largement temps d'aller se coucher, nous paierions demain, voire pas du tout. L'effet fut instantané, et je vous le conseille. Le patron arriva dans la minute, tout sourire et tout machine à cartes bleues. « L'addition Messieurs Dames ? »

Nous pûmes donc partir, sous le regard réprobateur des tables environnantes à qui nous avions gâché la soirée, et de celui de la serveuse qui aurait bien fait un croche-pied à Amélie, surtout lorsque celle-ci franchit la porte en lui tirant la langue.

Romuald tentait de relancer les négociations avec Frédérique et cela n'avait pas l'air gagné.

C'est le moment que je choisis pour tomber, sans aucun panache, il faut bien l'avouer.

Les marches conduisant au restaurant étaient bien adaptées aux normes, toutes en treillis antidérapage. Alors quoi ? Qui ? Comment ? Nul ne le saura sans doute jamais. J'eus l'impression que ma jambe gauche restait fermement fixée à la marche, au treillis, alors que tout le reste de mon corps partait en vrille et plutôt vers le bas. Vers le dur.

Le dernier son que j'entendis avant que ma tête ne vienne cogner par terre, ce fut la voix de Catherine :

— Ben chéri ?

Le son d'après fut celui de l'écrabouillement des cartilages de mon nez. Le bruit d'une boîte de camembert que l'on écraserait sous le talon.

Lorsque je me décidai « enfin » (dixit Catherine) à me relever, c'était au milieu d'une flaque de sang.

— Oh merde, fit-elle.

Frédérique cria très fort et Daniel se mit à pleurer. Moi, en voyant la flaque, je tentai prestement de me mettre à quatre pattes. Et retombai aussitôt en grimaçant.

Comme nous avions pu récupérer la voiture durant la journée, Catherine, devant mon état, bien qu'un peu sceptique (« t'en ferais pas un peu trop, là, mon chéri ? »), se décida à aller la chercher. Ils ne furent pas trop de trois pour me hisser sur le siège passager et pas trop de deux pour faire comprendre à mon épouse que le moment était peut-être mal choisi pour faire des réflexions sur les tâches de sang que mon nez laissait régulièrement tomber sur les sièges.

— Ben oui, mais le sang, ça ne s'en va pas, continuait Catherine, toujours étonnante.

Je ne fermai pas l'œil de la nuit, malgré une overdose de paracétamol codéiné. Je continuais à mettre du sang sur l'oreiller mais Catherine ne disait plus rien, c'était déjà ça, vu qu'elle dormait comme un loir. Et cela m'agaçait.

SAMEDI

À l'aube, drogué par la codéine et la nuit blanche, j'avais l'impression d'avoir échangé mon nez contre un melon, tant il me semblait enflé. Pas seulement le nez d'ailleurs. Et encore, je ne me voyais pas dans la glace, pour la bonne raison que je ne pouvais pas me lever. Mon miroir fut le regard de Catherine à son réveil, puis celui des trois enfants.

Catherine fit juste :

— Oh la vache !

Ce qui en disait long.

Daniel se remit à pleurer, Amélie à hurler et Frédérique à citer « Éléphant man », ce qui fit réagir ma femme (« y'a d'ça, y'a d'ça ! »)

Quand au genou, on aurait dit un rutabaga

géant, violet foncé. Un rutabaga intouchable. Même le poids du drap.

— Tu ne peux pas rester comme ça Jacques !

Ben non.

Devant mon impotence, ce furent les pompiers qui me déplacèrent, avec l'aide du gros moustachu d'en face, trop content de se montrer solidaire et pas rancunier pour deux sous.

Loin de moi l'idée de critiquer le travail, l'esprit d'abnégation, le courage des pompiers volontaires. Seulement voilà, cela se voyait, se sentait, qu'ils étaient volontaires. Pas l'entraînement requis pour déplacer un type du septième étage jusqu'à leur véhicule ! Ils m'ont carrément versé sur la civière. Avec le drap, l'oreiller, mon nez et mon genou, le melon et le rutabaga. Un vrai étalage de légumes !

Dans l'ascenseur, comme ils n'avaient pas le passe pour ouvrir le compartiment à cercueils, il a fallu qu'ils mettent le brancard debout. Moi, mal maintenu, cela m'avait fait descendre d'un cran et c'était mes deux talons qui touchaient par terre, retenant le brancard. À me regarder, ils ne risquaient pas de déceler une quelconque grimace de douleur sur mon visage, je n'étais plus qu'une grimace. En permanence.

Pour m'installer dans l'estafette, ils ne me cognèrent que trois fois le genou. Le mauvais. L'autre, celui qui n'avait pas mal, ne toucha jamais quoi que ce soit.

Et puis, dans le bleu du gyrophare, la camionnette entama la descente, lentement, précautionneusement. Catherine nous suivait avec l'*Espace*.

Nous arrivâmes dans la matinée à l'hôpital d'Albertville où l'on me prit rapidement en charge. Radios, échographies, le grand jeu.

— Vous n'avez rien, fit l'interne en revenant avec les clichés.

Je lui demandai s'il voulait rire.

— Vous avez juste tous les ligaments dans le désordre !

On me fit alors tout un tas de ponctions, d'applications et de recommandations pour mes prochains séjours de ski. Je me voyais mal, à chaque fois que médecin ou infirmière me prodiguaient conseils sur conseils pour alléger le réglage des fixations, choisir des skis plus courts, des chaussures plus ceci ou des bâtons plus cela… leur avouer la vérité.

— Non, non, vous n'y êtes pas. Moi, c'est juste en sortant du Monchu, après une fondue particulièrement arrosée.

Je n'allais pas leur faire ce plaisir. Déjà, lorsqu'ils me demandaient d'où je venais, que je leur répondais « région parisienne », leurs petits « Ah oui… », sous entendant « c'est donc ça ! » avaient tendance à m'exaspérer.

— Mais votre nez est tout pété, m'annonça le grand bouclé avec son stéthoscope autour du cou.

— Mais pété, pété ! Des fois que je n'aie pas bien compris.

— Je ne sais pas dans quoi vous êtes rentré, mais c'est lui qui a gagné !

Moi, je savais bien dans quoi j'étais rentré. Et je savais bien le bruit que cela avait fait. Je ne l'oublierai, je pense, jamais.

Bardé de pilules multicolores, d'ordonnances, d'arrêts de travail, de béquilles, de strappings, de bandes velpo et d'arnica, j'étais, sur le coup de quatorze heures, prêt à quitter l'hôpital.

— Quelqu'un vient vous chercher ?

Mon cerveau reçut une onde de choc. Soudain, je réalisai que Catherine était partie en même temps que moi ce matin, suivant l'ambulance des pompiers avec l'*Espace* nouvellement chaussé.

Chaussé de pneus normaux. Panique.

— Ma femme, elle n'est pas arrivée avec moi ?

— Ah non. Attendez, vous êtes Monsieur ?

— Bottin. Jacques Bottin.

— Jacques Bottin… Il y a un message pour vous.

— Aïe !

Catherine était bien partie derrière l'ambulance, avec ses nouveaux pneus qui, effectivement, n'étaient plus des pneus « neige ». Mais cela, elle l'avait oublié, toute perturbée qu'elle était de voir son Jacques, son Raymond, partir salement amoché avec les pompiers, en laissant les deux petits à la garde de Frédérique et de Romuald, dont elle doutait qu'ils réussissent à se tenir devant les enfants.

Il neigeait à gros flocons laiteux et, vingt mètres derrière le véhicule des secours, elle n'en apercevait qu'à grand-peine le haillon arrière. Au deuxième virage, se faisant distancer, elle prit un peu peur et voulut les rattraper. Elle accéléra juste un coup, pas trop fort pour ne pas déraper.

Juste avant le virage.

Et elle braqua le volant. La voiture, elle par contre, ne braqua pas.

Habituée qu'elle était à conduire depuis quelques jours sur la neige avec des pneus adéquats, Catherine se relâcha, freina un poil trop fort, braqua un poil trop court.

L'*Espace*, comme un caillou dans une fronde, ne fit même pas mine d'essayer de tourner. Il continua sa ligne droite dans un « Shhhh » significatif pour aller percuter un gros sapin qui n'avait rien demandé. La voiture déclencha d'un coup toute sa batterie d'airbags et se mit à fumer et à fuir de partout. Catherine réussit à sortir en toussotant, indemne, aidée par les accompagnateurs d'un car scolaire qui montaient en sens inverse et avaient tout vu.

La camionnette des pompiers, elle, avait immédiatement été enlevée par le brouillard.

Puis l'*Espace* s'embrasa. D'un coup.

C'est à ce moment-là qu'elle se demanda ce qu'elle allait bien pouvoir raconter à son mari.

« Petit problème avec la voiture. Ne t'inquiète pas, je n'ai rien », disait laconiquement le message.

Pour moi, celui-ci était on ne peut plus explicite. Si Catherine disait qu'elle n'avait rien, c'était que la voiture, elle, avait tout.

En fait elle n'avait plus grand-chose, la voiture, carbonisée qu'elle était. Il ne resta bientôt plus, au milieu d'un grand cercle de neige fondue, qu'une vague carcasse fumante.

C'est bizarre. Lorsque je sus enfin la vérité, ma première pensée fut pour le coffre de toit. Le roof-container. Finir comme ça, quand je pensais à tout ce qu'il avait pu m'emmerder celui-là. Tout en résine polyester, il avait dû bien fondre puis couler sur le pare-brise qui, avec la chaleur dégagée par l'incendie avait probablement explosé presque en même temps que les quatre pneus. Non neige et tout neufs.

La résine fondue était ensuite passée par-dessus le tableau de bord pour aller se répandre dans la boîte à gants, enflammant d'un coup mon Guide de la France routière, que Catherine m'avait offert à Noël et que je n'avais encore jamais pris le temps d'ouvrir. Et mes cartes Michelin. Et mon disque de zone bleue, offert gracieusement par mon assureur. Je me disais que sans le coffre de toit se répandant partout, mon disque et mes cartes Michelin seraient morts plus noblement. Avec plus de brio qu'en étant salement recouverts de résine en fusion.

Le taxi médicalisé qui me ramena à notre appartement ralentit au vingt et unième virage, en apercevant les restes noircis de ce que fut notre voiture.

— Ben putain, y'a des cons ! Y d'vait pas rouler doucement c'con là pour aller s'empaler de la sorte contre ce pauvre sapin. Ah les cons !

J'avais beau savoir que c'était Catherine qui conduisait à ce moment-là, je me sentais tout de même un peu visé, un peu solidaire de la catégorie citée trois fois par le chauffeur. J'espérais de tout mon cœur que ce soit un autre taxi qui nous amène ce soir à la gare. Parce que s'il nous ressortait ce même genre de propos, c'était à son taxi, cette fois, que Catherine allait foutre le feu.

Devant l'immeuble Lagopède, il y avait un monde fou. Un vrai comité d'accueil. Déjà les vrais, les inquiets, mes proches donc :

Catherine, avec un petit sourire contrit qui sous-entendait : « tu sais, la voiture, ce n'est que du matériel, le plus important, c'est nous ! »

Et puis Frédérique, main dans la main avec son Romuald. Les parents de Romuald également, qui avaient l'air de se demander dans quel genre de famille leur fils s'était fourvoyé. Enfin Daniel et Amélie dans les bras de sa mère, qui ne donnait pas l'impression, une fois de plus, d'être terriblement excitée par mon retour. Et comme aurait dit Catherine :

— Elle pourrait au moins faire semblant !

Venaient ensuite, les « un peu moins vrais », nos voisins de palier, ceux qui se faisaient un devoir d'être présents, afin de bien signifier leur solidarité à cette famille poursuivie par la poisse.

Et enfin, légèrement en retrait tout de même, avec ce qu'il leur restait de pudeur, les « ricanants ». Ceux que nos déboires accumulés, faisaient hurler de rire depuis notre arrivée.

En y réfléchissant bien, longtemps après, il y avait peut-être de quoi. Ils avaient tout su. « C'est fou comme c'est petit une station. Un vrai village ! », m'avait instruit mon chauffeur de taxi, après avoir insulté trois fois ma femme.

En ne prenant que les dernières vingt-quatre heures :

Ils avaient su pour le vol des roues. Depuis l'ouverture de la station, vingt-trois ans auparavant, c'était la première fois que cela se produisait.

Ils avaient su pour le téléphérique. Il paraît que ce genre de problème n'arrive qu'une fois tous les dix ans. Nous étions dans cette fois-là.

Ils avaient également su pour ma sortie de restaurant, à la « Bouglionne ». Les fractures multiples du nez, le genou en vrille…

Mais le clou, c'était Catherine !

Non seulement, elle s'encastre dans un sapin (et là, il paraît que c'est beaucoup plus fréquent, surtout à l'heure de fermeture du Dahu), mais en prime, elle arrive à foutre le feu à un *Espace* : « Incendie sur véhicule de type *Espace* après choc frontal : 1 cas sur 134 000 », nous communiqua notre concessionnaire !

De quoi filer le bourdon au plus optimiste.

Et comme s'ils n'en avaient pas assez pour rire, ils se souvenaient juste que, si ma femme était entrée dans un sapin et avait fait brûler la voiture, c'était pour m'accompagner à l'hôpital, en suivant un véhicule… des pompiers !

Un show ! Le « BOTTIN SHOW ! » Nous allions nous produire sur les scènes du monde entier, pour terminer à Broadway, au Carnegie Hall :

— Ladies and gentlemen, here they are, Catherine, Jack, Freddy, Danioul and Amely, for the first time in New York in :

« THE BOTTIN SHOW ! » Un triomphe !

Je délirais. Je serrais très fort ma Catherine dans mes bras, sanglotante, embrassais mes proches du bout des lèvres. Plus loin que le bout des lèvres m'était techniquement impossible vu la patate énorme, type « Bintje », qui me servait de nez.

Ensuite, il me fallut me frayer un passage au travers des autres. Il y en a deux-trois qui ont applaudi. Applaudi quoi ? La semaine d'emmerdements maximum ? Ou le fait que nous nous en soyons sortis, vivants ?

Je me suis engouffré dans Lagopède, accompagné de ma famille, sous les applaudissements, les quolibets et les « Sacré Charlemagne », chantés à tue-tête. Une star du cinéma rejoignant son hôtel à Cannes. Catherine et Daniel me servaient de gardes du corps. Frédérique, d'attaché de presse. Romuald, le pauvre, ne servait à rien. Mais a-t-on déjà vu un lapin servir à quelque chose ? À part avec des navets.

Dans l'appartement, les valises étaient prêtes, pleines à craquer, alignées comme pour une revue de paquetage.

— Nous avons un train à dix-huit heures vingt-cinq à Albertville, m'annonça Catherine. Nous serons chez nous avant minuit. Le taxi doit nous prendre d'ici peu, c'est celui qui t'a amené.

J'étais pressé de partir, de rentrer chez moi, de regarder Drucker en mangeant des p'tits LU trempés dans du thé à la bergamote.

Je quittai donc notre logement sans un regret. Catherine si :

— Finalement on n'était pas mal ici ?

J'ai cru qu'elle plaisantait.

— Moi je voudrais bien revenir bientôt, dit Daniel.

Amélie fit juste « Giii… », ce qui signifiait qu'elle était drôlement contente, même si elle ne savait pas de quoi.

Frédérique pleurait à chaudes larmes et c'était à mon avis la seule qui avait de vraies raisons d'être triste.

Je m'en retournai, béquillant, jusqu'à l'ascenseur. Catherine trouvait que j'aurais tout de même pu essayer de prendre une valise ou une paire de skis.

— Avec mes deux béquilles ?

— Oh, tu n'as peut-être pas besoin des deux !

En bas, le fan-club s'était dissipé. Je me demandais un peu de quoi ils allaient parler après notre départ.

Mais si je savais. Ils allaient parler de nous. Durant des jours, des mois, des années même. Il était clair que si nous devions repartir aux sports d'hiver un jour ou l'autre, ce serait dans les Pyrénées, en Bretagne ou en Roumanie. Mais pas en Savoie. Le nom de « Bottin » allait faire le tour des offices de tourisme du département, s'incruster dans les disques durs des centrales de réservation savoyardes. En rouge et en majuscules.

Le taxi attendait en bas.

Nous quittâmes *Cime 2000* comme on rentre d'une guerre que l'on a perdue. Daniel ne voulait pas retourner à l'école, Frédérique était toujours en larmes en faisant de grands signes d'adieux à Romuald. Catherine, comme prévu, était en train de s'empoigner verbalementavec le chauffeur dès le deuxième virage lorsque, en apercevant l'épave, il réitéra :

— Comme j'disais à Monsieur tout à l'heure, y'a vraiment des cons !

Moi, je lui assénais des milliers de coups de mes béquilles dans les mollets pour qu'elle la ferme, pour ne pas que, subitement vexé par ses insultes, il ne lui vienne l'idée d'arriver à la gare à dix-huit heures vingt-six par exemple. Mais allez donc arrêter Catherine ! Avec ou sans béquilles, c'était peine perdue. Amélie semblait elle aussi toute chamboulée de voir son petit monde sens dessus dessous.

Quant à moi, même si, moralement, j'étais plutôt content, mon physique, mon visage, donnaient à croire le contraire. On aurait dit une gaufre.

Il sautait aux yeux que nous n'avions pas prévu de prendre le train. Si nous étions arrivés avant tout le monde, ce qui n'était pas le cas, nos bagages auraient rempli le compartiment prévu à cet effet, dans le sas d'entrée. Là, le compartiment à bagages était déjà plein.

Archibondé. Des valises partout et deux malheureuses paires de ski. Catherine fulminait :

— Non mais qu'est-ce qu'ils ont besoin de se trimballer avec leurs skis ceux-là ?

— Ben oui, rétorquai-je, au lieu de les louer sur place comme tout le monde, on n'a pas idée aussi !

— Oh, Eh, s'il te plaît, occupe-toi de tes béquilles et laisse les gens travailler !

Ce qu'il y a d'agréable dans le TGV, c'est le manque de place. Et encore, je ne mesure qu'un mètre soixante-quinze. J'imagine les asperges, les un mètre quatre-vingt-dix ou plus, les genoux calés sous le menton en train d'essayer de lire Paris-Match, tout en tenant leur café d'une main, vu qu'à cause de leurs jambes ils ne peuvent pas ouvrir la tablette où ils auraient pu poser la tasse.

Donc la place : mauvais point. Ça et l'intimité. Comme nous avions réservé nos places quelques heures à peine avant le départ du train, nous étions bien évidemment dispersés.

Catherine à côté d'un gros monsieur suintant qui débordait largement de l'accoudoir. Et Amélie sur ses genoux.

Le contrôleur, gentiment et avec l'aide des parents, avait installé Daniel à côté d'une gamine qui devait être deux fois plus âgée que lui, et qui a tenté, avec une certaine patience durant tout le voyage, de lire ses revues de mode et de musique tandis que Daniel essayait à tout prix de lui faire découvrir la totalité des fonctions de son *Buzz l'Éclair*.

— Là, c'est pour le laser, là pour sortir ses ailerons galactiques, celui-ci pour fermer le casque antimatière. La gamine, gentille, faisait : « oui, oui », alors qu'elle devait penser : « mais c'est quand qu'il la ferme ! » Le dernier bouton, le rouge, débitait la phrase choc de *Buzz* : « Vers l'infini et au-delà ! ». Les trois premières fois, c'était drôle, surtout quand cela faisait râler tous les utilisateurs de portables. À la soixante-seizième fois, c'était la totalité du wagon qui ne rêvait que d'une chose : la fin des piles. Mais comme Catherine l'avait vicieusement fait remarquer, tout fort, à son fils qui s'inquiétait de l'usure de celles-ci avant la gare de Lyon :

— T'inquiète pas mon Danichou, j'en ai plein mon sac !

Frédérique était à côté de je ne sais plus qui,

et elle non plus d'ailleurs, vu que sitôt assise, elle s'incrusta les écouteurs du baladeur au fin fond des oreilles et mit le tout à fond. Le message était clair : « Qu'on me foute la paix ! »

Quand à moi, comme il n'y avait pas de raison que cela s'arrête, j'avais eu la chance de tomber sur un bavard impénitent qui me fit la conversation de Chambéry-Challes-les-Eaux à Paris. Catherine m'avait acheté à Albertville un petit bouquin sympa de John Grisham intitulé « Pas de Noël cette année », qu'on lui avait vivement conseillé.

Gare de Lyon, j'attaquais la page huit !

Dieu merci, son téléphone portable n'arrêtait pas de sonner. En soi, ç'aurait pu être une bonne nouvelle, du temps libre, me permettant de me replonger dans mon « Grisham ». Il aurait juste fallu qu'il parle un tout petit peu moins fort. Enfin non, beaucoup moins fort. Parce que là, non seulement je ne pouvais pas lire quand il était au téléphone tellement il parlait fort, mais en plus, une fois qu'il avait raccroché, il me racontait tout.

Les gens à portable, on aurait dit qu'ils se répondaient les uns les autres dans le wagon. Quelquefois, ça collait, on pouvait construire une histoire entre les différents utilisateurs. On passe son temps comme on peut.

Les plus énervés des non-utilisateurs applaudissaient, sifflaient, ou répondaient tout fort aux questions posées dans les téléphones :

— Et ta sœur ?

— C'est ça, et embrasse-le pour nous aussi !

— Oui, oui, nous aussi on l'aime !

L'ambiance !

Mon voisin bavard, genre catcheur de fête foraine poussait de temps en temps un hurlement :

— Mais vous avez pas fini de me faire chier ?

Le silence d'un coup dans le wagon ! Personne ne mouftait. Pas même Catherine ! Mais alors moi, juste à côté, prêt à lui toucher les tatouages, je rentrais dans ma coquille, évitais que mes béquilles ne s'entrechoquent, des fois qu'il ne prenne ça pour une insulte, une agression. Il aurait plus manqué qu'il me mette une beigne ! Et vu la taille de ses mains, je me trouvais avec deux « Bintje » à la place du nez, au lieu d'une !

Alors quand il raccrochait et m'adressait de nouveau la parole pour m'entretenir de « tous ces enfoirés, et la liberté alors ! », j'étais bien obligé d'acquiescer, de calmer le jeu si je voulais passer la page trois avant Auxerre et me contenter d'une unique « Bintje ».

En pleine Bourgogne, profitant de l'accélération, Daniel alla enlever sa petite sœur des genoux de sa maman, malencontreusement endormie. Frédérique était toujours incrustée, et moi aussi en quelque sorte, avec mon catcheur tatoué. Ils en profitèrent donc pour aller semer une pagaille sans nom dans les trois wagons menant au bar. Lorsque je m'aperçus de leur disparition, je me levai d'un bond et allai immédiatement m'affaler sur les genoux de la petite grand-mère de l'autre côté de l'allée. Je me confondis en excuses.

— Oh vous savez, me dit-elle avec un sourire coquin, ce n'est plus tous les jours que des jeunes hommes viennent s'asseoir sur mes genoux, surtout de façon si cavalière. À part mes petits enfants, bien sûr, mais vous comprendrez que ce n'est pas pareil.

Je lui répondis en tentant de ne pas trop grimacer de douleur, mon genou blessé étant, lui, resté de l'autre côté de l'allée :

— Et bien moi, ce n'est pas tous les jours qu'on me traite de jeune homme.

Elle sourit :

— On aurait dû se rencontrer plus tôt tous les deux !

Et elle ponctua sa phrase d'un clin d'œil coquin qui fit rigoler tous les voisins.

Catherine, enfin réveillée, commença déjà par m'engueuler d'avoir laissé partir Daniel et Amélie, inconscient que j'étais, et sous-entendant que je ferais mieux de m'occuper de mes enfants au lieu de faire la cour à une grand-mère. Et elle partit comme une fusée vers le bar.

La dite grand-mère se pencha alors vers moi et me chuchota :

— C'est qui cette harpie ? Vous la connaissez ?

— Oui, lui répondis-je sur le même ton, c'est ma femme !

— Ah, me fit-elle en posant sa main sur mon bras. Désolée. Et elle s'en retourna à sa lecture. Je venais sans doute de perdre l'amour de ma vie.

Catherine retrouva les deux évadés au bar, à quatre pattes, au milieu de tout un groupe d'adultes fustigeant les parents irresponsables « qui feraient mieux d'avoir des poissons rouges plutôt que des enfants » et que « quand on ne sait pas s'en occuper, on n'en a pas ! »

Catherine leur fit remarquer qu'au lieu de s'occuper de ses enfants, ils feraient mieux de s'occuper de leurs fesses, ce à quoi une grande brune lui rétorqua que si elle n'était pas intervenue, ils seraient en train de jouer dans la locomotive.

Catherine commanda des cafés, et ramena les deux terreurs en leur faisant, tout fort, la leçon :

— C'est vrai ça, il ne faut pas suivre n'importe qui, avec tout ce que l'on voit maintenant ! Et, pour ponctuer, Amélie leur tira la langue, pour la seconde fois en vingt-quatre heures.

Et, pour la seconde fois en vingt-quatre heures, Catherine, fière de sa fille, ne la réprimanda pas.

La traversée des trois wagons, en sens inverse, avec les deux cafés, Amélie et Daniel, fut digne d'un parcours du combattant. Catherine laissait derrière elle, au fur et à mesure, des gouttes de café brûlant qui giclaient à droite et à gauche, et des dizaines de passagers en proie à la douleur et à la colère.

Elle repassait une seule fois, ils la lynchaient.

Paris-Gare de Lyon, vingt-deux heures seize.

Un bon quart d'heure pour descendre sur le quai le quintal de valises, les skis, chaussures, enfants et doudous.

À rajouter à cela un autre quart d'heure pour que Catherine trouve un chariot.

Et un dernier pour rejoindre la tête de station des taxis. Parce que Catherine avait eu une idée :

— J'ai un plan, nous fit-elle avec un clin d'œil.

Et hop, elle partit à fond de train en poussant son chariot à bagages plein à ras bord.

Avec Frédérique, nous nous sommes regardés, vaguement inquiets. À cause du plan.

Déjà, les skis, en équilibre sur les chaussures qui elles-mêmes trônaient sur les valises à roulettes, tombèrent trois fois dans un boucan d'enfer. Le loueur de skis, j'étais content qu'il ne soit pas là.

Ensuite, forcément, nous nous sommes perdus. En soi, si tout allait comme sur des roulettes, ce n'était pas bien grave. Sauf que là, il était vingt-trois heures, que les deux petits dormaient, l'un dans les bras de Frédérique, l'autre en équilibre sur le chariot, et que moi, je clopinais lamentablement derrière en tentant de suivre avec mes deux béquilles.

Nous visitâmes donc le Grand Hall, le Petit

Hall, le Moyen Hall, en long, en large et en travers, salués à chaque passage par les quolibets des pochtrons domiciliés ici.

Le « bon plan », c'était d'arriver, en coupant, à la tête de station des taxis avant tout le monde !

Lorsque nous trouvâmes enfin, et tout à fait par hasard, la tête de station, il devait y avoir au bas mot deux cent cinquante personnes qui faisaient la queue.

Dieu merci, devant nos deux bambins endormis, la montagne de bagages, de skis, de chaussures et ma « Bintje », un élan de solidarité se fit dans la queue et nous accédâmes rapidement à un superbe *Espace*, exactement comme le nôtre.

Avant l'incendie.

Bille en tête et avec un grand sourire derrière sa moustache, le chauffeur nous fit remarquer que lorsqu'on partait en train aux sports d'hiver avec toute une marmaille, il était préférable de louer le matériel sur place.

Je ne dis rien mais j'entendis juste Catherine, assise à l'avant, bredouiller quelque chose tout doucement, qui ressemblait à s'y méprendre à « mon mari y tenait ! »

Mais dans le doute…

ÉPILOGUE

Pour Catherine et moi-même, la pression retombait. Mais le sommeil prenait sa place.

Les paupières étaient lourdes, dans peu de temps nous serions au lit, chez nous.

Mon genou me faisant horriblement mal, j'attendais avec impatience le moment où je pourrais m'étendre et, lorsque vers minuit et demi, le taxi nous déposa devant chez nous, tous les cinq avec le barda d'un régiment de chasseurs alpins, j'étais serein, et plutôt heureux.

Heureux de retrouver mon chez moi, mon immeuble et mes voisins, mon appartement au sixième étage, même si la vue n'allait pas être la même que du haut de notre studio à *Cime 2000*.

Nous attaquions la dernière ligne droite.

En entrant dans le hall de l'immeuble avec ma femme croulant sous les valises et les paires de ski, Frédérique portant Amélie sur un bras et deux paires de bâtons dans l'autre et Daniel, suivant, tout endormi, traînant une énorme valise à roulettes, je repensais à notre semaine.

Je me disais que nous avions presque tout eu et que maintenant, ça y était, nous étions chez nous, plus rien ne pouvait nous arriver.

Dans l'ascenseur, Catherine me fit un sourire, elle devait penser comme moi. Je la regardais. Elle était belle mais fatiguée ma Catherine. Elle me sourit en approchant ses lèvres des miennes.

Je ne sais si cela a pu avoir un rapport, mais c'est au moment précis ou ses lèvres ont touché les miennes que l'ascenseur est tombé en panne.

« Oh Raymond ! » fit-elle en m'embrassant.

Bourgtheroulde le 2 juin 2005

Merci à :

Pascale des Montagnes
Buzz l'Éclair
Les pulls rouges
France Gall
Les Malamutes
John Grisham
Le coffres de toit
Les blaireaux
Charlemagne
Les lagopèdes
Jeannot Lapin
Le personnel des fromageries
Davy Crockett
Les accompagnateurs en montagne
Guy Montagné (je plaisante)
Le Gamay de Chautagne
Les pompiers volontaires
Les béquilles
La SNCF
Les fusibles.

Jean-Marc Aubry

Réimpression PuntoGrafico .Brescia-Italie